Tout sur le Compost

LE CONNAITRE, LE FAIRE, L'ACHETER ET L'UTILISER

Catalogage avant publication de Bibliothèque et Archives Canada

Michaud, Lili

Tout sur le compost : le connaître, le faire, l'acheter et l'utiliser

Comprend des réf. bibliogr. et un index.

ISBN 978-2-89544-106-9

1. Compost. 2. Engrais et amendements organiques. I. Titre.

S661.M52 2007 631.8'75 C2007-940397-2

Révision : Raymond Deland

Impression : LithoChic

Crédits de photos :
Toutes les photos sont de l'auteure sauf celle de la page 94,
gracieuseté de Édith Smeesters.
Les illustrations aux pages 119 et 120 sont de Anne-Hélène Michaud Deschênes.

ISBN 978-2-89544-106-9
Dépôt légal – Bibliothèque nationale du Québec, 2007
Dépôt légal – Bibliothèque nationale du Canada, 2007

50%

Imprimé avec des encres végétales sur du papier dépourvu d'acide et de chlore et contenant 50% de matières recyclées dont 15% de matières post-consommation.

IMPRIMÉ AU CANADA/PRINTED IN CANADA

Lili Michaud

Préface de Édith Smeesters

Tout sur le Compost

LE CONNAITRE, LE FAIRE, L'ACHETER ET L'UTILISER

ÉDITIONS MULTIMONDES

ÉDITIONS MULTIMONDES
930, rue Pouliot
Québec (Québec) G1V 3N9
CANADA
Téléphone: 418 651-3885
Téléphone sans frais: 1 800 840-3029
Télécopie: 418 651-6822
Télécopie sans frais: 1 888 303-5931
multimondes@multim.com
http://www.multim.com

DISTRIBUTION AU CANADA
PROLOGUE INC.
1650, boul. Lionel-Bertrand
Boisbriand (Québec) J7H 1N7
CANADA
Téléphone: 450 434-0306
Tél. sans frais: 1 800 363-2864
Télécopie: 450 434-2627
Téléc. sans frais: 1 800 361-8088
prologue@prologue.ca
http://www.prologue.ca

DISTRIBUTION EN FRANCE
LIBRAIRIE DU QUÉBEC
30, rue Gay-Lussac
75005 Paris
FRANCE
Téléphone: 01 43 54 49 02
Télécopie: 01 43 54 39 15
direction@librairieduquebec.fr
http://www.librairieduquebec.fr

DISTRIBUTION EN BELGIQUE
La SDL Cravelle S.A.
Rue du Pré aux Oies, 303
Bruxelles
BELGIQUE
Téléphone: +32 2 240.93.00
Télécopie: +32 2 216.35.98
Sarah.Olivier@SDLCaravelle.com
http://www.SDLCaravelle.com/

DISTRIBUTION EN SUISSE
SERVIDIS SA
chemin des chalets 7
CH-1279 Chavannes-de-Bogis
SUISSE
Téléphone: (021) 803 26 26
Télécopie: (021) 803 26 29
pgavillet@servidis.ch
http://www.servidis.ch

Les Éditions MultiMondes reconnaissent l'aide financière du gouvernement du Canada par l'entremise du Programme d'aide au développement de l'industrie de l'édition (PADIÉ) pour leurs activités d'édition. Elles remercient la Société de développement des entreprises culturelles du Québec (SODEC) pour son aide à l'édition et à la promotion.

Gouvernement du Québec – Programme de crédit d'impôt pour l'édition de livres – gestion SODEC.

À Nanou,
qui est ma plus grande raison
de célébrer la vie.

Remerciements

J'aimerais souligner la participation de ceux sans qui ce livre n'aurait pu voir le jour. Un sincère merci à :

Édith Smeesters, l'auteure de plusieurs ouvrages dans le domaine des pratiques horticoles respectueuses de l'environnement, qui a aimablement accepté de préfacer ce livre et qui m'a assistée tout au long de ce projet. Une fois de plus j'ai été en mesure d'apprécier ses connaissances, sa passion et sa très grande générosité.

Annie Charbonneau, ma chère nièce, qui a trouvé le temps de lire et de commenter mes écrits entre ses responsabilités de jeune maman et le défi d'un nouvel emploi.

Anne-Hélène Michaud Deschênes (Nanou), ma fille, qui n'a pas hésité à se prêter plus souvent qu'à son tour au rôle de figurante et qui, comme pour mon premier livre, a apporté sa touche... de moins en moins novice.

Denis Michaud, mon frère, dont j'ai « exploité » les talents de bricoleur et la patience pour réaliser mon projet de fabrication de composteur.

Paul Gamache, mon conjoint, qui me soutient dans mes projets les plus farfelus, même si une fois de plus il a été relégué durant plusieurs mois au second rang après son rival (le livre que vous tenez entre vos mains).

Eh oui ! Le compost peut même devenir une histoire de famille !

L. M.

Préface

Lorsque vous obtiendrez du compost pour la première fois, après avoir suivi scrupuleusement tous les conseils de ce livre, vous serez fiers et sans doute un peu étonnés, comme je l'ai été lors de ma première expérience, il y a 30 ans. Comment toutes ces feuilles, ces fleurs fanées et ces déchets de cuisine peuvent-ils produire ce matériau magnifique qui sent bon l'humus? Cela relève presque de la magie et inspire un profond respect pour ces millions d'organismes décomposeurs qui travaillent dans l'ombre, et ce, sans qu'il nous en coûte un sou, ce qui est assez exceptionnel de nos jours. En faisant du compost, en plus du recyclage de papier, carton, verre et plastique, il ne nous reste pratiquement plus rien à mettre à la poubelle!

Mais ce livre nous ouvre également les yeux sur d'autres formes de compostage à moyenne et grande échelle. Il est certain que nous ne pouvons pas tous composter à la maison, mais nous sommes cependant tous concernés par la réduction des déchets qui devrait atteindre 60% d'ici à 2008! Il est donc primordial que chacun contribue d'une façon ou d'une autre à cet objectif, en réduisant ses déchets à la source ou en participant aux collectes sélectives de matériaux verts qui devraient se mettre en place un peu partout au Québec.

Lili Michaud a une longue expérience en jardinage et en compostage. Elle a un solide bagage en agronomie et elle est animée par la passion qui habite tous ceux qui travaillent avec la terre et les principes naturels. Son livre est complet et détaillé. Il deviendra sans nul doute un incontournable pour tous ceux qui veulent composter à la maison ou à la ferme, mais aussi pour les gestionnaires municipaux qui devront traiter les matériaux putrescibles d'une manière différente dans un proche avenir. Le style simple et pratico-pratique de Lili permettra à chacun de faire sa part pour diminuer ses déchets organiques. Le compostage est aussi une activité très éducative pour les enfants à expérimenter dans les écoles. Vous verrez, faire du compost, c'est fascinant!

Édith Smeesters, biologiste

Table des matières

Liste des figures

Liste des tableaux

Introduction

Ce n'est plus un secret pour quiconque me connaît : le compost est un sujet qui me fascine. En fait, cette passion s'est installée insidieusement il y a plus d'une dizaine d'années alors que j'ai découvert que de vulgaires déchets pouvaient se transformer en un produit unique et essentiel à la culture des plantes, le compost. Déjà active à ce moment dans le domaine de l'horticulture et de l'environnement, j'ai trouvé dans le compost un lien concret entre ces deux centres d'intérêt.

En 1998, cette fascination pour le compost m'a incitée à travailler pour que soit maintenu le site de démonstration en compostage domestique au Jardin Roger-Van den Hende dont j'ai été chargée de projet jusqu'en 2001. À l'époque, j'y présentais des formations en compostage auxquelles assistaient hebdomadairement une poignée de participants qui ne craignaient pas de passer pour des « granolas ».

Heureusement, les temps ont changé. Depuis 2002, je suis attitrée à la formation des citoyens de la ville de Québec en matière de compostage domestique et j'ai vu augmenter progressivement le nombre de participants qui a même dépassé 150, à quelques reprises. D'après mes observations, le compost n'est plus l'affaire de quelques marginaux, mais il attire de plus en plus d'adeptes pour qui il est devenu, avec le recyclage, une excellente façon de poser un geste concret pour la protection de l'environnement. D'ailleurs, la mauvaise réputation du compostage souvent occasionnée par le manque d'expérience ou de connaissance a fait place progressivement à une certaine curiosité et même à un engouement chez plusieurs personnes. Le compost serait-il en voie de devenir « in » ? C'est ce que je souhaite.

Lors des nombreuses formations traitant du compost que j'ai offertes (près de 200), j'ai souvent eu l'occasion d'observer des petites lumières dans l'œil d'un ou de plusieurs participants. Ces petites lumières m'indiquant que j'avais réussi à transmettre une partie de mes connaissances m'ont sans doute encouragée à pousser toujours plus loin mon savoir. C'est ainsi que durant toutes ces années, j'ai dévoré de nombreux écrits sur le compost et j'ai expérimenté la plupart des pratiques que je préconise, cela afin de répondre adéquatement aux interrogations toujours plus raffinées des participants. Toutes ces questions et l'intérêt des participants m'ont permis de développer une expertise unique en matière de compostage. D'ailleurs, ces formations ainsi que les entrevues que j'ai accordées dans les médias m'ont valu différents surnoms tels que «la mère du compost» ou «la reine du compost» et bien d'autres que je préfère taire... Je peux même dire que je suis devenue «rudologue» (si vous ne connaissez pas la définition de ce mot, profitez de l'occasion pour consulter le glossaire à la fin de cet ouvrage).

Ainsi, après mon premier livre *Le jardinage éconologique, quand économie rime avec écologie,* publié en 2004, ce deuxième ouvrage se devait de traiter exclusivement de compost et de compostage puisque à mon sens il s'agit de la pratique horticole la plus éconologique qui soit.

Lorsque j'ai choisi le titre *Tout sur le compost,* je me suis demandé s'il n'était pas un peu prétentieux d'affirmer que je pouvais traiter de tout sur le compost en quelque 200 pages alors que certains livres sur le sujet en comportent près de 1000. En fait, *Tout sur le compost* se veut un ouvrage de synthèse et de vulgarisation. Il aurait pu tout aussi bien s'intituler «Tout ce que vous avez toujours voulu savoir sur le compost sans jamais oser le demander» ou encore «Tout ce que je sais sur le compost», ce qui, vous en conviendrez à la fin, est tout de même appréciable.

À la lecture de ce livre, vous serez en mesure de comprendre que le compost n'est rien d'autre que le résultat de la décomposition de la matière organique dont sont constitués tous les êtres vivants.

La liste des matériaux compostables du chapitre 2 deviendra sans doute un outil auquel vous aurez le loisir de vous référer en tout temps pour déterminer quels sont les matériaux appropriés en fonction du type de compostage.

Vous apprendrez les rudiments du compostage domestique qui vous permettront de poser un geste concret pour la protection de l'environnement tout en produisant l'amendement par excellence pour votre jardin.

Les plus curieux trouveront dans le chapitre sur le compostage intermédiaire des notions plus avancées qui leur permettront de composter des volumes plus imposants ou encore des matériaux habituellement écartés du compostage domestique.

Ceux qui habitent en appartement et qui ne craignent pas d'avoir des petits animaux domestiques de forme allongée seront sans doute attirés par le lombricompostage qui permet de composter les résidus de cuisine à l'intérieur, à l'aide de petits vers rouges.

Si vous êtes de ceux qui préfèrent acheter du compost, vous serez en mesure de comprendre comment on le fabrique de façon industrielle. De plus, vous découvrirez quelles sont les caractéristiques à rechercher lors de l'achat de compost commercial.

Que vous produisiez ou que vous achetiez du compost, vous apprécierez de savoir quelles sont ces propriétés si extraordinaires qui en font « l'or brun du jardin ». En outre, vous apprendrez tout sur l'utilisation adéquate du compost.

Vous aurez également droit à la recette de thé de compost qui peut être utile (désolée, ce thé n'est pas pour vous) afin de compléter les apports de compost.

Enfin, à vous tous qui entreprenez la lecture de ce livre, je souhaite que vous n'hésitiez plus et que dès demain vous passiez de la théorie à la pratique. Si vous n'avez jamais eu l'occasion de voir se transformer sous vos yeux des matériaux considérés comme des déchets en cet amendement extraordinaire qu'est le compost, je vous mets au défi de tenter l'expérience au moins une fois. En fait, je n'ai aucune crainte, car si vous suivez les principes de base de ce livre, le compostage fera bientôt partie intégrante de votre vie. Et peut-être qu'un jour vos enfants et vos petits-enfants vous remercieront de leur avoir laissé en héritage une telle pratique respectueuse de l'environnement et une terre encore habitable.

CHAPITRE 1

Le compost et le compostage : *quoi, pourquoi, comment ?*

Dans un contexte où il est devenu urgent de repenser notre façon de gérer les déchets qu'on appelle aujourd'hui les matières résiduelles, le compost et le compostage suscitent de plus en plus d'intérêt, et pour cause. Les matières compostables (ou matières putrescibles) constituent plus de 40 % du volume des matières résiduelles domestiques, et le compostage permet de transformer ces matériaux apparemment sans valeur en un amendement indispensable pour la survie des végétaux et, par ricochet, pour la nôtre. Mais il ne faut pas croire que cette méthode soit nouvelle, puisque les Chinois utilisaient le compost 500 ans avant Jésus-Christ. D'ailleurs, nous les humains ne pouvons pas nous vanter d'avoir inventé le compostage. En fait, nous avons simplement imité la nature en y ajoutant quelques astuces.

Que sont le compostage et le compost ?

Bien qu'il existe de nombreuses définitions scientifiques du compost et du compostage, voici les plus simples.

> Le compostage est un processus de décomposition biologique contrôlée de la matière organique dans un milieu aérobie.
>
> Le compost est le résultat du compostage. Il s'agit d'un composé stable, comparable à l'humus en nature.

Pour mieux comprendre ces définitions, prenons le temps d'en analyser les principales composantes.

LA DÉCOMPOSITION DES MATIÈRES ORGANIQUES EN MILIEU NATUREL

Dans un milieu naturel telle une forêt où l'humain intervient peu ou pas, il s'opère un processus de décomposition naturelle de la matière organique.

En fait, lorsque les feuilles des arbres tombent au sol, elles se mélangent avec les plantes, les insectes, les excréments et les animaux morts. Tous ces « ingrédients » se dégradent sous l'action des organismes décomposeurs. Cette décomposition se déroule la plupart du temps au cours de nombreuses années et le résultat est un terreau naturel appelé humus qui servira en quelque sorte à son tour de nourriture pour les plantes.

La matière organique représente la matière principale dont sont composés à plus de 95% tous les organismes vivants dont les humains, les animaux, les plantes, les insectes, les poissons, les algues, etc. La matière organique est en quelque sorte synonyme de matière vivante. Cependant, nous verrons dans le prochain chapitre que, selon le procédé de compostage utilisé, certaines matières organiques seront favorisées, alors que d'autres devront être écartées.

La décomposition biologique est l'œuvre d'un ensemble d'organismes vivants (micro-organismes, vers de terre, etc.) qui participent à la dégradation des matières organiques (voir prochaine section). Cette décomposition s'opère de façon naturelle, qu'on le veuille ou non (voir encadré).

La décomposition contrôlée, contrairement au processus de décomposition naturelle où la nature est laissée à elle-même, est favorisée par différents moyens de décomposition de la matière organique dans le compostage. De cette façon, on arrive à produire plus rapidement ce formidable amendement qu'est le compost. Dans le chapitre 3 traitant du compostage domestique, nous verrons quels sont les différents facteurs qui favorisent le travail des organismes décomposeurs, mais parmi les plus importants, citons la présence d'oxygène et d'eau.

Un milieu aérobie se caractérise par la présence d'air. Dans un tel milieu, la présence des organismes vivants responsables de la décomposition (principalement les bactéries) est favorisée. Par opposition, la décomposition de la matière organique dans un milieu anaérobie (où il y a absence d'air) favorise d'autres organismes qui nuisent à la décomposition et qui sont susceptibles de générer des problèmes d'odeur.

Le compost… un composé stable, comparable à l'humus. L'humus est en fait également de la matière organique, mais celle-ci ne subit plus de décomposition rapide. Voilà pourquoi on parle de composé stable. À ce stade, les éléments nutritifs pourront être libérés lentement dans le sol, et ce, sans danger pour les plantes et pour l'environnement.

Les organismes décomposeurs

Le compost est un milieu de vie dans lequel entrent en jeu une grande diversité d'organismes vivants. Ceux-ci se divisent en deux groupes : les micro-organismes et les macro-organismes. Selon les conditions du milieu (oxygénation, teneur en eau, température, pH, matières nutritives) et la phase de décomposition du compost, les différents organismes interagissent ensemble ou successivement selon leur fonction respective. Alors que les représentants de la micro-faune ont une action chimique sur les matériaux, la majorité des macro-organismes décomposent physiquement les matières en les creusant, les grignotant, les mastiquant, les digérant, les suçant et les brassant. Le ver de terre fait exception puisqu'il a une action à la fois physique et chimique.

Les micro-organismes

Les micro-organismes sont les organismes les plus actifs dans le processus de décomposition. Ces êtres sont si microscopiques qu'il n'est pas possible de les voir à l'œil nu. Les principaux micro-organismes qui interviennent dans la décomposition de la matière organique sont les bactéries, les champignons et les actinomycètes.

Les bactéries

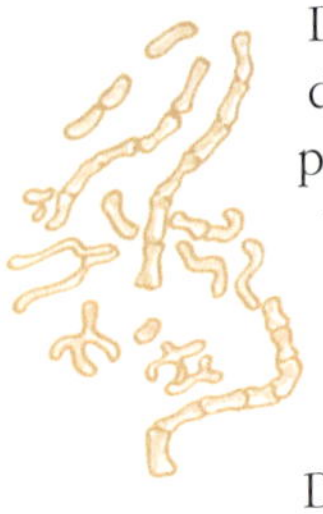

Les bactéries sont des organismes unicellulaires très diversifiés de par leur taille et leur forme. Elles sont très abondantes dans la matière organique en décomposition. D'ailleurs, selon certains auteurs (Mustin, 1987), les bactéries seraient responsables de 80 à 90% de l'activité microbienne lors du compostage actif. Pas étonnant puisque les bactéries ont absolument besoin d'azote et de carbone qu'elles trouvent abondamment dans la matière organique. De plus, les bactéries ont des goûts très diversifiés, ce qui leur permet d'envahir, de manger et de digérer des matières organiques d'origines diverses en des formes assimilables par d'autres organismes, et ce, à différents stades du processus de compostage. De plus, lorsque l'environnement est adéquat, les bactéries se multiplient très rapidement.

Les champignons

Les champignons sont des organismes pluricellulaires (plusieurs cellules) constitués la plupart du temps d'un ensemble de filaments qu'on appelle le mycélium. Bien que les champignons se trouvent en moins grande quantité que les bactéries et les actinomycètes (voir ci-dessous), ils représentent une masse plus importante dans le compost. Les champignons se nourrissent de matériaux morts ou en décomposition. Dans le compost, ils sont présents au milieu du processus de décomposition. Ils agissent principalement sur les matières qui résistent aux bactéries, rendant les matériaux accessibles pour ces dernières par la suite. Ils n'apprécient pas les températures extrêmes, ce qui explique leur présence en périphérie du compost. Contrairement aux bactéries, les champignons ont la capacité de se développer lorsque les conditions d'humidité sont minimales. Ils sont, parmi les micro-organismes, les plus adaptés aux conditions d'acidité. Il est possible de voir apparaître en surface du compost des champignons macroscopiques. Ceux-ci sont la manifestation externe du mycélium microscopique présent à l'intérieur du compost.

Les actinomycètes

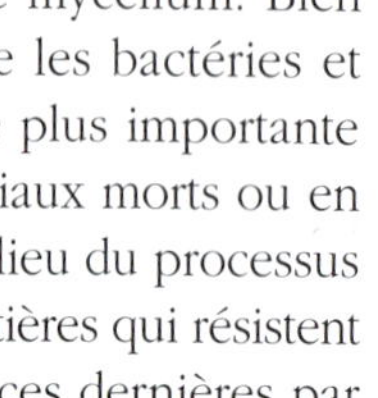

Les actinomycètes sont des micro-organismes qui possèdent des caractéristiques rappelant à la fois les bactéries et les champignons. Ce sont en quelque sorte des bactéries filamenteuses. En nombre, les actinomycètes arrivent en deuxième position après les bactéries dans le compost. Les micro-organismes ne sont pas confortables dans des conditions d'humidité et d'acidité (pH moins de 5) importantes. Ils prennent le relais à la fin du processus de décomposition en s'attaquant principalement aux matières organiques plus résistantes, telles la cellulose et la lignine dont est constitué principalement le bois. Celles-ci produisent souvent des antibiotiques qui bloquent la croissance des bactéries. Enfin, ce sont les actinomycètes qui confèrent au compost sa bonne odeur d'humus.

Les macro-organismes

Les macro-organismes qui participent à la décomposition de la matière organique sont visibles à l'œil nu. On retrouve plusieurs espèces qui sont membres des groupes suivants : les lombrics, les insectes, les acariens, les gastéropodes, les myriapodes, les crustacés, les nématodes. Ils interviennent dans le processus de compostage lorsque la température n'est pas trop élevée. C'est pourquoi on les retrouve davantage dans les procédés de compostage où il y a peu d'élévation de température tels que le compostage domestique et le lombricompostage.

Bien que certains macro-organismes soient parfois considérés comme nuisibles au jardin (limaces, perce-oreilles, fourmis), leurs actions conjointes sont souvent indispensables dans le processus de compostage, principalement dans le compostage domestique. Par contre, si une espèce établit carrément ses quartiers dans le compost, c'est habituellement l'indice d'un entretien inadéquat (voir chapitre 3 *Le compostage domestique*).

Les lombrics

Les lombrics, communément appelés vers, sont les macro-organismes du compost dont l'action est la plus importante. Les vers digèrent la matière organique et par la suite leurs excréments contribuent à favoriser un milieu idéal pour les activités des micro-organismes. De plus, les vers creusent des tunnels, ce qui favorise le processus de décomposition en améliorant les conditions d'aération. Il existe plusieurs espèces de vers, mais les deux espèces les plus communes sont le ver de terre (*Lombricus terrestris*) et le ver de fumier (*Eisenia fœtida*). Les deux espèces digèrent la matière organique, mais le ver de terre est plus efficace en tant que laboureur. Vous aurez l'occasion de faire plus ample connaissance avec les vers dans le chapitre 5 qui traite du lombricompostage.

Le ver de terre *Lumbricus terrestris.*

Les insectes

Parmi les insectes qui sont associés au compostage, on retrouve notamment les collemboles qui participent à la décomposition durant tout le processus de compostage. Ils se nourrissent principalement de champignons, bien qu'ils dévorent aussi des nématodes et des acariens et mangent des plantes en décomposition. On retrouve en outre des espèces de la famille des coléoptères, dont plusieurs sont insectivores et s'attaquent aux limaces. C'est le cas des carabes et des perce-oreilles qui agissent aussi comme décomposeurs. D'autres insectes de la famille des diptères, les mouches en fait, sont souvent moins appréciés parce qu'ils nous dérangent en volant en tous sens, mais il faut savoir que les larves ont aussi une action de décomposition. Les fourmis peuvent également être présentes.

Les acariens

Les acariens sont ronds, souvent rouges et comportent quatre paires de pattes (contrairement aux insectes qui en ont trois paires). Ils ressemblent à de minuscules araignées, mais il est possible de les voir à l'œil nu lorsqu'on a de bons yeux. Dans le compost, les acariens se nourrissent principalement de levures. Ils ont la possibilité de supporter des conditions anaérobies; leur présence en abondance peut être un indice qu'il est temps d'aérer le compost.

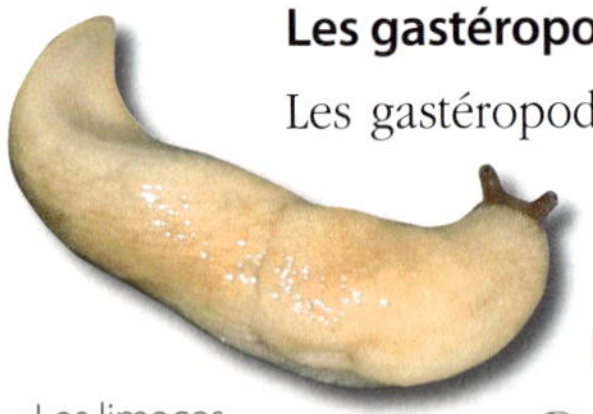

Les limaces participent à la décomposition.

Les gastéropodes

Les gastéropodes, dont les limaces et les escargots font partie, ne s'attaquent pas qu'aux plantes vivantes. Ils peuvent également s'intéresser aux débris végétaux. C'est pourquoi on peut les retrouver dans le compost.

Les myriapodes

Dans le groupe de myriapodes, on retrouve les millipèdes (mille-pattes) et les centipèdes (scolopendres). Les millipèdes n'ont pas mille pattes, mais ils ont deux paires de pattes par segment et celles-ci sont courtes. Lorsqu'ils sont dérangés, ils s'enroulent sur eux-mêmes. Les centipèdes possèdent une paire de pattes par segment, mais celles-ci sont longues. D'ailleurs, lorsqu'on surprend les centipèdes, ils se sauvent très rapidement… à toutes jambes. Les millipèdes et les centipèdes

Les centipèdes s'attaquent à la matière organique en décomposition.

s'attaquent à la matière organique en décomposition, mais les centipèdes sont aussi des prédateurs redoutables, pour les limaces notamment.

Les crustacés

Parmi les crustacés terrestres qui interviennent dans le processus de décomposition, il y a le cloporte. Celui-ci possède un corps ovale et aplati, formé de segments distincts ainsi que sept paires de pattes. Dans le compost, les cloportes se nourrissent de matériaux ligneux pourris et d'autres tissus végétatifs coriaces comme les nervures des feuilles. Ils sont très actifs dès les premiers stades de décomposition.

Les nématodes

Les nématodes sont de minuscules vers qui ont des préférences alimentaires très variées. Alors que certains se nourrissent de matière organique en décomposition, d'autres sont prédateurs d'insectes, de bactéries et de champignons. Certains nématodes sont considérés comme nuisibles puisqu'ils s'attaquent aux racines des plantes. Les nématodes interviennent à un stade avancé du compost, une fois que les bactéries ont déjà entrepris la décomposition.

Pourquoi composter ?

D'abord et avant tout pour protéger l'environnement

La masse de matières résiduelles générées par les activités humaines qui augmente de plus en plus chaque année, et ce, parallèlement à la croissance économique, n'est pas sans conséquence sur l'environnement. Bien des gens se mettent la tête dans le sable en croyant que le contenu du sac vert qu'ils placent régulièrement en bordure de la route disparaîtra comme par magie. Mais d'autres, comme vous sans doute, s'inquiètent de ce qu'il adviendra de notre Terre dans quelques années si nous continuons à consommer et à jeter sans discernement. Comme le disait Lavoisier : *Rien ne se perd, rien ne se crée, tout se transforme*. Selon la façon dont les matières résiduelles seront gérées, elles pourront se transformer en biens très utiles par exemple si elles sont recyclées, dans le

Le contenu de nos sacs à ordure ne disparaît pas comme par magie.

cas des matières résiduelles recyclables (verre, plastique, métal, papier, etc.) ou transformées en un amendement extraordinaire, dans le cas des matières résiduelles compostables (appelées aussi matières putrescibles). Mais elles causeront de graves préjudices à l'environnement si elles sont enfouies ou incinérées.

En 2000 au Québec, dans le secteur résidentiel, chaque Québécois a généré en moyenne 1,15 kg de matières résiduelles par jour, ce qui constitue 420 kg par année. Si on ajoute les matières résiduelles du secteur de l'ICI (industries, commerces et institutions) et du secteur du CRD (construction, rénovation et démolition), cela porte à 1,5 tonne métrique la quantité de matières résiduelles produites par habitant par année pour un total de près de 11 millions de tonnes métriques pour le Québec seulement! Imaginez à l'échelle mondiale… et nous n'avons qu'une seule planète.

Si on considère uniquement les matières résiduelles compostables du secteur résidentiel, celles-ci constituées par les résidus de l'alimentation et de l'entretien des espaces verts représentent 40 % du volume du sac à ordures. Ainsi, une famille de quatre personnes produit en moyenne 672 kg de matières résiduelles compostables chaque année. Alors que le compostage permet de valoriser ces

Les matières compostables représentent 40 % du volume du sac à ordures.

matières dans des conditions contrôlées, la gestion de tels résidus dans les lieux d'enfouissement et les incinérateurs se fait au détriment de l'environnement et, par ricochet, de notre santé.

La problématique des matières putrescibles dans les lieux d'enfouissement sanitaires

Dans les lieux d'enfouissement sanitaires (LES), les matières putrescibles qui se décomposent en l'absence d'air (anaérobie) produisent des acides. Ces derniers se mélangent avec l'eau des nutriments ainsi qu'avec l'eau de la pluie et de la neige ; le liquide brunâtre et nauséabond qui en résulte percole à travers la masse en décomposition. Sur son chemin, ce liquide acide qu'on appelle le *lixiviat* dissout et entraîne avec lui des contaminants solides tels que les métaux lourds. Enfin, le lixiviat des lieux d'enfouissement risque de se déverser dans les plans d'eau souterrains ou de surface. D'autre part, la décomposition en absence d'oxygène qui se produit dans les lieux d'enfouissement entraîne la formation de biogaz tels que le dioxyde de carbone (CO_2) et le méthane (CH_4), deux gaz à effet de serre (GES) responsables des importants changements climatiques qui affectent de plus en plus notre planète. Enfin, dans les lieux d'enfouissement, on trouve également des composés azotés et soufrés qui entraînent la formation des pluies acides.

Lieu d'enfouissement sanitaire.

Les incinérateurs occasionnent d'importants problèmes environnementaux.

La problématique des matières putrescibles gérées dans les incinérateurs

Dans certaines municipalités, les matières résiduelles, incluant les matières putrescibles, sont incinérées, c'est-à-dire qu'elles sont brûlées à haute température et réduites en cendre. Cette méthode de gestion entraîne d'importantes conséquences sur la qualité de l'environnement et sur notre santé. Dans un premier temps, les incinérateurs, qui sont souvent situés en zone urbaine, occasionnent de sérieux problèmes de bruit et de poussière, mais surtout de pollution atmosphérique. En effet, les cheminées des incinérateurs rejettent de grandes quantités de polluants tels que des métaux lourds (mercure, cadmium, plomb) et de la dioxine, une substance cancérigène. De plus, les cendres qui en résultent et qui sont par la suite dirigées vers les sites d'enfouissement contiennent des concentrations de toxines très élevées. Enfin, lorsque des matières putrescibles sont incinérées, leur très faible pouvoir calorique en fait des matières indésirables, et ce, principalement lorsque des contrats de vente de la vapeur produite lient les incinérateurs aux usines avoisinantes.

D'autres bonnes raisons pour composter

La deuxième raison qui peut en inciter plusieurs à choisir le compostage comme méthode de gestion pour disposer des matières résiduelles putrescibles est sans contredit l'aspect économique. En effet, tant pour le citoyen que pour les municipalités et les entreprises, les économies engendrées peuvent être considérables même si, dans certains cas, les effets ne sont pas toujours tangibles à court terme (diminution des frais de dépollution, diminution des frais de santé, etc.). Parmi toutes les méthodes de compostage, celle qui apporte les avantages économiques les plus intéressants est certainement le compostage domestique. Cette méthode entraîne des économies tant pour le citoyen qui épargne sur l'achat de compost ou d'engrais que pour la municipalité qui n'a pas à payer pour collecter, transporter et gérer ces matières à l'incinérateur, dans un lieu d'enfouissement sanitaire et même dans un site de compostage industriel, car ces installations sont exploitées à grands frais.

Adopter le compostage, c'est aussi une façon de se responsabiliser face à la gestion des matières résiduelles que l'on produit et du même coup enseigner à nos enfants et petits-enfants comment devenir des écocitoyens responsables.

Finalement, qu'on choisisse le compostage par obligation ou par conviction, le résultat est un amendement incontestable, le compost. Ce dernier est essentiel pour conserver et améliorer la qualité des sols qui, à leur tour, maintiennent la culture des plantes si utiles à notre survie.

Les différentes méthodes de compostage

Comme nous le verrons dans les chapitres suivants, il existe différentes méthodes de gestion des matières organiques par compostage.

La première méthode, qui est aussi la plus simple, est le compostage domestique. Il s'agit de la méthode qui est à la portée de tous ceux qui ont accès à la moindre petite parcelle de terrain pour y installer un composteur domestique. Elle s'adresse donc principalement aux propriétaires de maison unifamiliale ou en rangée, mais peut aussi être pratiquée par ceux qui habitent dans un multilogement s'ils ont l'autorisation du propriétaire ou du conseil d'administration pour installer un composteur sur le terrain.

La seconde méthode, que j'ai nommée « le compostage intermédiaire », sera utile pour ceux qui veulent composter des quantités supérieures à celles générées par une cellule familiale. Cette méthode, qui exige des connaissances plus approfondies, s'adresse principalement aux regroupements de locataires, aux membres des jardins communautaires et aux propriétaires de petites fermes.

Le lombricompostage intéressera particulièrement ceux qui habitent en appartement et qui n'ont absolument pas la possibilité de composter à l'extérieur. Il sera aussi attrayant pour ceux qui veulent produire le meilleur amendement pour leurs plantes d'intérieur. Enfin, le lombricompostage peut être très utile dans les écoles en tant que pratique d'initiation à l'environnement.

Le compostage industriel implique la gestion de très gros volumes de matières résiduelles. Cette méthode comprend le compostage des résidus des fermes industrialisées et le compostage des résidus des ICI (industries, commerces, institutions) de même que le compostage des matières putrescibles municipales (pour les municipalités qui offrent le service de collecte de ces matières).

CHAPITRE 2

Les matériaux compostables : *ces déchets qui n'en sont pas !*

Le présent chapitre vous apportera des informations précises sur chacun des matériaux susceptibles d'être valorisés ou non par les différentes méthodes de compostage. De plus, à l'aide de cet outil de référence, vous serez en mesure de découvrir les autres méthodes de valorisation de certains matériaux (recyclage, paillis, etc.). Enfin, vous constaterez que certains matériaux que vous croyiez compostables sont en fait de réels déchets. Heureusement, ces derniers sont plutôt limités.

Les matériaux de base, qu'on appelle aussi les intrants, utilisés dans la fabrication du compost sont, la plupart du temps, des matières résiduelles organiques, mais l'origine de ces dernières peut varier selon la méthode de compostage utilisée. Alors que seuls des matériaux organiques d'origine végétale sont utilisés en compostage domestique et en lombricompostage, nous verrons qu'il est possible d'utiliser des matériaux organiques d'origine animale dans le cas du compostage intermédiaire de même que dans le compostage industriel. D'autres matériaux seront également à proscrire dans le compostage domestique alors qu'ils seront tout à fait appropriés avec d'autres méthodes. C'est le cas notamment des plantes malades qu'il vaut mieux éviter dans le compostage domestique puisque dans cette méthode la faible élévation de température ne permet pas, généralement, de détruire les organismes pathogènes responsables des maladies. Quant aux matériaux utilisés dans le lombricompostage, ils proviendront principalement de l'intérieur de la maison (résidus de fruits et de légumes, papier journal, coquilles d'œufs), et ce, pour éviter toutes contaminations provenant de l'extérieur.

Les matériaux susceptibles d'être compostés sont habituellement classés en deux catégories : les matériaux riches en azote et les matériaux riches en carbone. En fait, l'azote (symbole chimique : N) et le carbone (symbole chimique : C) sont les deux composés principaux de la matière organique, mais ils sont présents en quantité variable selon le matériau. Le rapport quantitatif entre ces deux composés qu'on appelle le rapport carbone/azote (identifié par le symbole C/N) nous indique si un ingrédient est plutôt riche en azote (C/N plus petit que 30) ou en carbone (C/N plus grand que 30). Les plus curieux trouveront dans le chapitre 4 plus d'information concernant le rapport carbone/azote. Pour que le processus de compostage se fasse adéquatement, il est important de fournir différents matériaux de façon que le rapport C/N soit habituellement autour de 30. Dans le compostage domestique et le lombricompostage, on se limitera à classer les matériaux selon qu'ils sont plutôt riches en carbone ou riches en azote (C ou N) et on mélangera ces derniers selon une recette de base simple. Il faudra cependant être beaucoup plus rigoureux et connaître la valeur réelle du rapport C/N de chacun des matériaux dans le cas du compostage intermédiaire et évidemment dans le compostage industriel. Les matériaux riches en azote, aussi nommés *les matériaux verts*, ne sont pas, comme on pourrait le penser, systématiquement de couleur verte. Ils sont humides et se décomposent rapidement. Quant aux matériaux riches en carbone, aussi appelés *les matériaux bruns*, ils ont tendance à être plutôt secs et se décomposent lentement.

Dans le tableau qui suit, vous trouverez les différents matériaux susceptibles d'être valorisés par les divers procédés de compostage ou par tout autre procédé de valorisation. Pour chacun des matériaux, vous pourrez savoir si celui-ci est plutôt riche en azote ou en carbone. De plus, un code d'acceptation est alloué pour chacun des procédés. Enfin, à la suite de cette liste, les particularités de chacun des matériaux seront expliquées.

TABLEAU 1

LISTE DES DIFFÉRENTS MATÉRIAUX SUSCEPTIBLES D'ÊTRE VALORISÉS PAR LE COMPOSTAGE OU PAR TOUT AUTRE PROCÉDÉ

MATÉRIAUX	TENDANCE	COMPOSTAGE DOMESTIQUE	COMPOSTAGE INTERMÉDIAIRE	LOMBRI-COMPOSTAGE	COMPOSTAGE INDUSTRIEL	RECYCLAGE MUNICIPAL	AUTRES VALORISATIONS
Agrumes (pelures et jus)	N	[restriction ou particularité]	[utilisation régulière]	[restriction ou particularité]	[utilisation régulière]	[à éviter]	Insecticide [utilisation régulière]
Aiguilles de conifères	C	[restriction ou particularité]	[utilisation régulière]	[à éviter]	[utilisation régulière]	[à éviter]	Paillis [utilisation régulière]
Algues	N	[restriction ou particularité]	[restriction ou particularité]	[à éviter]	[utilisation régulière]	[à éviter]	Engrais [utilisation régulière]
Aliments sucrés	0	[restriction ou particularité]	[utilisation régulière]	[à éviter]	[utilisation régulière]	[à éviter]	[ne s'applique pas]
Aliments vinaigrés	0	[à éviter]	[à éviter]	[à éviter]	[à éviter]	[à éviter]	[ne s'applique pas]
Branches et brindilles	C	[utilisation régulière]	[utilisation régulière]	[à éviter]	[utilisation régulière]	[à éviter]	Paillis [utilisation régulière]
Café (résidus et filtres)	N (résidus) C (filtres)	[utilisation régulière]	[utilisation régulière]	[utilisation régulière]	[utilisation régulière]	[à éviter]	Engrais et répulsif [restriction ou particularité]
Carton ondulé	C	[restriction ou particularité]	[restriction ou particularité]	[à éviter]	[restriction ou particularité]	[utilisation régulière]	Paillis [utilisation régulière]
Cendre de bois	0	[à éviter]	[restriction ou particularité]	[à éviter]	[utilisation régulière]	[à éviter]	Amendement de sol [utilisation régulière]
Céréales (grains)	N	[utilisation régulière]	[utilisation régulière]	[utilisation régulière]	[utilisation régulière]	[à éviter]	[ne s'applique pas]
Champignons	N	[restriction ou particularité]	[restriction ou particularité]	[restriction ou particularité]	[restriction ou particularité]	[à éviter]	Consommation [restriction ou particularité]
Charpie de la sécheuse	0	[à éviter]	[à éviter]	[à éviter]	[à éviter]	[à éviter]	Bourre de coussins [utilisation régulière]
Cheveux	N	[restriction ou particularité]	[restriction ou particularité]	[restriction ou particularité]	[utilisation régulière]	[à éviter]	Perruques [utilisation régulière]
Compost	Variable	[utilisation régulière]	[utilisation régulière]	[à éviter]	[utilisation régulière]	[à éviter]	Au jardin [utilisation régulière]
Cônes des conifères	C	[restriction ou particularité]	[restriction ou particularité]	[à éviter]	[utilisation régulière]	[à éviter]	Paillis Bricolage [utilisation régulière]
Copeaux et sciures de bois	C	[restriction ou particularité]	[restriction ou particularité]	[à éviter]	[utilisation régulière]	[à éviter]	Paillis [restriction ou particularité]

Légende : ■ utilisation régulière ■ restriction ou particularité ■ à éviter ■ ne s'applique pas
Tendance : C : riche en carbone, N : riche en azote, 0 : ne s'applique pas ou négligeable

TABLEAU 1 (suite)

LISTE DES DIFFÉRENTS MATÉRIAUX SUSCEPTIBLES D'ÊTRE VALORISÉS PAR LE COMPOSTAGE OU PAR TOUT AUTRE PROCÉDÉ

MATÉRIAUX	TENDANCE	COMPOSTAGE DOMESTIQUE	COMPOSTAGE INTERMÉDIAIRE	LOMBRI-COMPOSTAGE	COMPOSTAGE INDUSTRIEL	RECYCLAGE MUNICIPAL	AUTRES VALORISATIONS
Coquilles d'œufs	0	utilisation régulière	utilisation régulière	restriction ou particularité	utilisation régulière	à éviter	Amendement calcaire Barrière contre limaces (utilisation régulière)
Crustacés (crevettes, homards, crabes, langoustes)	0	à éviter	restriction ou particularité	à éviter	utilisation régulière	à éviter	ne s'applique pas
Écales de noix, arachides et graines	C	restriction ou particularité	utilisation régulière	restriction ou particularité	utilisation régulière	à éviter	Paillis (restriction ou particularité)
Excréments d'animaux d'élevage	N	à éviter	restriction ou particularité	à éviter	utilisation régulière	à éviter	ne s'applique pas
Excréments et litières d'animaux domestiques	N	à éviter	restriction ou particularité	à éviter	utilisation régulière	à éviter	ne s'applique pas
Excréments humains	N	à éviter	à éviter	à éviter	à éviter	à éviter	Toilette à compost (restriction ou particularité)
Feuilles de rhubarbe	N	à éviter	restriction ou particularité	à éviter	utilisation régulière	à éviter	Insecticide (utilisation régulière)
Feuilles mortes	C	utilisation régulière	utilisation régulière	à éviter	utilisation régulière	à éviter	Compostage de surface Paillis (utilisation régulière)
Fleurs coupées	N	utilisation régulière	utilisation régulière	restriction ou particularité	utilisation régulière	à éviter	ne s'applique pas
Foin	N	à éviter	utilisation régulière	à éviter	utilisation régulière	à éviter	ne s'applique pas
Fruits (noyaux)	0	restriction ou particularité	utilisation régulière	à éviter	utilisation régulière	à éviter	ne s'applique pas
Fruits (résidus et jus)	N	utilisation régulière	utilisation régulière	utilisation régulière	utilisation régulière	à éviter	ne s'applique pas

Légende : ■ utilisation régulière ■ restriction ou particularité ■ à éviter ■ ne s'applique pas
Tendance : C : riche en carbone, N : riche en azote, 0 : ne s'applique pas ou négligeable

TABLEAU 1 (suite)

LISTE DES DIFFÉRENTS MATÉRIAUX SUSCEPTIBLES D'ÊTRE VALORISÉS PAR LE COMPOSTAGE OU PAR TOUT AUTRE PROCÉDÉ

MATÉRIAUX	TENDANCE	COMPOSTAGE DOMESTIQUE	COMPOSTAGE INTERMÉDIAIRE	LOMBRI-COMPOSTAGE	COMPOSTAGE INDUSTRIEL	RECYCLAGE MUNICIPAL	AUTRES VALORISATIONS
Gazon (rognures)	N	restriction ou particularité	utilisation régulière	à éviter	utilisation régulière	à éviter	Herbicyclage Paillis
Gazon (chaume)	C	utilisation régulière	utilisation régulière	à éviter	utilisation régulière	à éviter	ne s'applique pas
Gazon (plaques)	N	utilisation régulière	utilisation régulière	à éviter	utilisation régulière	à éviter	ne s'applique pas
Gras et huiles	0	à éviter	restriction ou particularité	à éviter	utilisation régulière	à éviter	ne s'applique pas
Légumes crus et cuits (pelures et résidus)	N	utilisation régulière	utilisation régulière	utilisation régulière	utilisation régulière	à éviter	ne s'applique pas
Légumineuses	N	utilisation régulière	utilisation régulière	utilisation régulière	utilisation régulière	à éviter	ne s'applique pas
Maïs (épis et pelures)	N	restriction ou particularité	restriction ou particularité	à éviter	utilisation régulière	à éviter	ne s'applique pas
Mollusques (moules, huîtres, palourdes)	0	à éviter	restriction ou particularité	à éviter	utilisation régulière	à éviter	ne s'applique pas
Paille	C	utilisation régulière	utilisation régulière	à éviter	utilisation régulière	à éviter	Paillis
Pain séché ou rassis	N	utilisation régulière	utilisation régulière	utilisation régulière	utilisation régulière	à éviter	ne s'applique pas
Papier journal	C	restriction ou particularité	restriction ou particularité	restriction ou particularité	restriction ou particularité	utilisation régulière	Coupe-végétation
Papiers fins	C	à éviter	à éviter	à éviter	à éviter	utilisation régulière	Réutilisation
Papiers mouchoirs	C	à éviter	à éviter	à éviter	restriction ou particularité	à éviter	ne s'applique pas
Pâtes alimentaires	N	utilisation régulière	utilisation régulière	utilisation régulière	utilisation régulière	à éviter	ne s'applique pas
Plantes adventices	N	restriction ou particularité	utilisation régulière	à éviter	utilisation régulière	à éviter	ne s'applique pas
Plantes herbacées cultivées	N	restriction ou particularité	utilisation régulière	à éviter	utilisation régulière	à éviter	ne s'applique pas

Légende : utilisation régulière ; restriction ou particularité ; à éviter ; ne s'applique pas
Tendance : C : riche en carbone, N : riche en azote, 0 : ne s'applique pas ou négligeable

TABLEAU 1 (suite)

LISTE DES DIFFÉRENTS MATÉRIAUX SUSCEPTIBLES D'ÊTRE VALORISÉS PAR LE COMPOSTAGE OU PAR TOUT AUTRE PROCÉDÉ

MATÉRIAUX	TENDANCE	COMPOSTAGE DOMESTIQUE	COMPOSTAGE INTERMÉDIAIRE	LOMBRI-COMPOSTAGE	COMPOSTAGE INDUSTRIEL	RECYCLAGE MUNICIPAL	AUTRES VALORISATIONS
Plantes d'intérieur	N	utilisation régulière	utilisation régulière	utilisation régulière	utilisation régulière	à éviter	ne s'applique pas
Plantes malades ou infestées	N (plantes fraîches) C (plantes séchées)	restriction ou particularité	utilisation régulière	à éviter	utilisation régulière	à éviter	ne s'applique pas
Plantes traitées avec des pesticides	0	à éviter	à éviter	à éviter	restriction ou particularité	à éviter	ne s'applique pas
Poils d'animaux	N	utilisation régulière	utilisation régulière	utilisation régulière	utilisation régulière	à éviter	Laine
Poissons	N	à éviter	restriction ou particularité	à éviter	utilisation régulière	à éviter	ne s'applique pas
Produits laitiers	N	à éviter	restriction ou particularité	à éviter	utilisation régulière	à éviter	ne s'applique pas
Sacs dégradables	N	restriction ou particularité	restriction ou particularité	à éviter	restriction ou particularité	à éviter	Réutilisation
Sac de l'aspirateur (contenu)	0	à éviter	à éviter	à éviter	à éviter	à éviter	ne s'applique pas
Sacs de papier brun	C	restriction ou particularité	restriction ou particularité	restriction ou particularité	restriction ou particularité	utilisation régulière	Réutilisation
Samares des arbres (érables, ormes, frênes)	C	utilisation régulière	utilisation régulière	à éviter	utilisation régulière	à éviter	ne s'applique pas
Serviettes de papier	C	restriction ou particularité	restriction ou particularité	à éviter	restriction ou particularité	utilisation régulière	ne s'applique pas
Terre de jardin	0	utilisation régulière	utilisation régulière	à éviter	utilisation régulière	à éviter	Au jardin
Terreaux d'empotage	0	restriction ou particularité	restriction ou particularité	restriction ou particularité	restriction ou particularité	à éviter	Au jardin
Thuyas (résidus de taille)	N	restriction ou particularité	utilisation régulière	à éviter	utilisation régulière	à éviter	Paillis Extraction de l'huile

Légende : ■ utilisation régulière ■ restriction ou particularité ■ à éviter ■ ne s'applique pas
Tendance : C : riche en carbone, N : riche en azote, 0 : ne s'applique pas ou négligeable

TABLEAU 1 (suite)

LISTE DES DIFFÉRENTS MATÉRIAUX SUSCEPTIBLES D'ÊTRE VALORISÉS PAR LE COMPOSTAGE OU PAR TOUT AUTRE PROCÉDÉ

MATÉRIAUX	TENDANCE	COMPOSTAGE DOMESTIQUE	COMPOSTAGE INTERMÉDIAIRE	LOMBRI-COMPOSTAGE	COMPOSTAGE INDUSTRIEL	RECYCLAGE MUNICIPAL	AUTRES VALORISATIONS
Tisanes et thés (résidus et sachets)	N	utilisation régulière	utilisation régulière	utilisation régulière	utilisation régulière	à éviter	ne s'applique pas
Tissus de fibres naturelles	N	utilisation régulière	utilisation régulière	utilisation régulière	utilisation régulière	utilisation régulière	Réutilisation Attaches de plants de tomates (utilisation régulière)
Tourbe de sphaigne	C	à éviter	à éviter	à éviter	restriction ou particularité	à éviter	Attention (restriction ou particularité)
Urine humaine	N	restriction ou particularité	restriction ou particularité	à éviter	ne s'applique pas	à éviter	ne s'applique pas
Verre, plastique, métal	0	à éviter	à éviter	à éviter	à éviter	utilisation régulière	Réutilisation (utilisation régulière)
Viandes et os	N	à éviter	à éviter	à éviter	utilisation régulière	à éviter	ne s'applique pas

Légende : ■ utilisation régulière ■ restriction ou particularité ■ à éviter ■ ne s'applique pas
Tendance : C : riche en carbone, N : riche en azote, 0 : ne s'applique pas ou négligeable

Agrumes (pelures et jus)

Les jus et les pelures d'agrumes, du fait qu'ils sont acides et qu'ils contiennent un répulsif naturel, doivent être utilisés avec discernement dans le compostage domestique, car ils risquent d'être nuisibles aux organismes décomposeurs. Si vous avez une consommation normale d'agrumes et que ces derniers sont largement mélangés avec d'autres résidus, le problème est minimisé puisque les autres ingrédients vont tendre à rééquilibrer le pH. Mais si vous consommez une caisse d'oranges par semaine, il sera préférable de ne pas les utiliser totalement dans le compostage domestique.

Pour la même raison, il vaut mieux limiter les agrumes dans le lombricompostage. Les pelures d'agrumes peuvent cependant être compostées sans trop de risques dans le compostage intermédiaire et dans le compostage industriel, car dans ces dernières méthodes le pH sera équilibré avec l'ajout d'autres matériaux alcalinisants (qui augmentent le pH). Les pelures d'agrumes peuvent aussi être utilisées pour fabriquer

Les aiguilles de pin peuvent être très utiles comme paillis.

un insecticide. Pour ce faire, placez dans une casserole les pelures de quatre agrumes ainsi que deux litres d'eau. Couvrez et laissez frémir pendant trente minutes. Laissez reposer pendant vingt-quatre heures. Filtrez et ajoutez 15 ml de savon insecticide. Utilisez en vaporisation contre les fourmis, les perce-oreilles et les puces.

Aiguilles de conifères

Une des meilleures façons de valoriser les aiguilles de pin et des autres conifères est de les utiliser comme paillis à la base des arbres qui les produisent ou de certaines plantes qui apprécient l'acidité. C'est le cas notamment des rhododendrons et des azalées ainsi que des plants de bleuets. Dans notre société de surconsommation, on ne s'arrête souvent pas à réfléchir à certains de nos comportements. En fait, pourquoi s'astreindre à ramasser les aiguilles de conifères pour ensuite se précipiter à la jardinerie afin d'acheter des paillis pour mettre à la base de nos végétaux? En compostage domestique, les aiguilles de conifères devront être utilisées avec parcimonie puisque celles-ci sont relativement acides. Par contre, en compostage intermédiaire de même qu'en compostage industriel, les aiguilles de conifères seront utilisées conjointement avec des matériaux alcalinisants.

Algues

L'utilisation des algues dans le compostage peut être avantageuse, car celles-ci contiennent de nombreux éléments minéraux, y compris une forte teneur en azote. Cependant, puisque l'azote peut se volatiliser, les algues devront être compostées sans tarder. De plus, elles sont susceptibles de contenir de grandes quantités de sel. Celui-ci étant préjudiciable à la survie des organismes responsables de la décomposition, il serait avantageux d'arroser les algues avant leur utilisation (utiliser idéalement l'eau récupérée des gouttières), et ce, spécialement dans le cas du compostage domestique. Les algues peuvent aussi être utilisées en petites quantités directement au jardin en tant qu'engrais, mais cette méthode a le désavantage d'entraîner la perte des éléments minéraux par lessivage lorsqu'ils ne sont pas absorbés immédiatement par les plantes.

Aliments sucrés

Les aliments sucrés tels que les confitures, les gâteaux et les confiseries doivent être limités dans le compostage domestique et le lombricompostage, car ils risquent d'attirer certains insectes « dérangeants » tels que les guêpes. Ils pourront cependant être utilisés sans risque dans le compostage intermédiaire et le compostage industriel.

Aliments vinaigrés

Les aliments vinaigrés sont à éviter dans toutes les méthodes de compostage, car ceux-ci risquent d'abaisser significativement le pH du milieu et ainsi causer préjudice aux organismes responsables de la décomposition.

Branches et brindilles des arbres et des arbustes

Les petites branches (brindilles) des arbres et des arbustes peuvent être compostées sans aucune restriction. Il s'agira simplement de les plier avec les mains en les mettant au composteur. Cependant, les branches qui ont un diamètre de plus de 1 cm ont nettement avantage à être coupées ou déchiquetées (voir chapitre 3 *Le compostage domestique* section « Le stockage et la préparation des matériaux bruns »).

Le résultat du déchiquetage des branches se nomme le bois raméal fragmenté (BRF) lorsqu'il respecte certaines normes telles que l'utilisation de branches dont le diamètre est inférieur à 7 cm. Le BRF est également un produit très utile en tant que paillis à la base des végétaux.

Café (résidus et filtres)

Les résidus de l'infusion du café, appelés aussi le marc de café, pourront être utilisés accompagnés du filtre dans toutes les méthodes de compostage, y compris le lombricompostage. D'ailleurs, il semble que les vers soient particulièrement friands de café. Cependant, considérant que ces résidus ont tendance à être plutôt acides, on prendra soin de ne pas exagérer la quantité de café dans le cas du compostage domestique et du lombricompostage. En fait, si vous buvez des quantités acceptables de café, il devrait en être de même pour la quantité que les organismes décomposeurs pourront aussi accepter. Par contre, si vous prévoyez recueillir les résidus de café de votre lieu de travail ou d'un restaurant, vous aurez avantage à les diriger vers d'autres modes de compostage comme le compostage intermédiaire ou encore le compostage industriel. Dans tous les cas, prenez dès aujourd'hui une bonne habitude pour l'environnement et pour l'efficacité du compostage en vous procurant des filtres de papier non blanchis.

Les résidus de café peuvent être utilisés dans toutes les méthodes de compostage.

Une autre façon de valoriser les résidus de café est de les utiliser directement au potager, soit pour leur qualité fertilisante (le café est riche en phosphore) ou encore comme répulsif pour certains insectes nuisibles. Il est à noter cependant que des apports excessifs de résidus de café au jardin peuvent abaisser le pH du sol de façon significative. C'est pourquoi le compostage demeure encore la méthode la plus appropriée pour valoriser les résidus de café.

Carton ondulé

Les meilleures méthodes pour valoriser le carton ondulé demeurent le recyclage et la réutilisation. Cependant, il est également possible de composter le carton ondulé, mais il faudra éviter le carton ondulé ciré de même que le carton ayant des inscriptions de couleur. De plus, dans tous les cas, le carton aura avantage à être déchiqueté. Le carton ondulé peut être utilisé comme coupe-végétation sous un paillis organique (aussi bien que le papier journal, comme vous le verrez plus loin).

Cendre de bois

La cendre de bois peut être compostée sans risque dans le cas du compostage industriel. Toutefois, son pouvoir alcalinisant (augmentation du pH) radical en fait un ingrédient à éviter dans le compostage domestique de même que dans le lombricompostage. Il devrait également être utilisé avec discernement dans le compostage intermédiaire. En effet, la cendre a le pouvoir d'augmenter le pH tout comme le fait la chaux, mais contrairement à cette dernière, ce pouvoir est soudain et radical. Cette conséquence risque donc de porter préjudice aux organismes décomposeurs et même de les tuer. Heureusement, il existe une très bonne façon de valoriser la cendre de bois, il s'agit de l'utiliser directement au jardin ou sur la pelouse lorsqu'il est souhaitable d'augmenter le pH. Assurez-vous cependant qu'il s'agit d'une cendre qui provient de « feu propre ». Cela exclut la cendre qui résulte de bois peints, de bois teints, de panneaux de particules et évidemment de bois traités (un matériau qui ne doit jamais être brûlé). Par la suite, évaluez le niveau de pH du sol de votre terrain. Pour ce faire, vous procédez à une analyse de sol de votre surface de pelouse ou de votre potager en apportant un échantillon de sol dans une jardinerie. Si le résultat indique un pH acide (moins de 6,5) ou encore si vous observez plusieurs spécimens des plantes indigènes suivantes : fraisier sauvage, épervière orangée, petite oseille, vous pourrez utiliser votre cendre directement sur le sol pour en augmenter graduellement le pH, car la majorité des plantes apprécient un pH relativement neutre (7). Cependant, dans tous les cas, les apports de cendre ne devraient pas excéder 1,5 kg par dix mètres carrés, car le potassium contenu en grande quantité dans la cendre peut devenir en excès dans le sol. De plus, des apports trop abondants ou trop fréquents de cendre sur le sol risquent d'entraîner des pH trop élevés (8 et plus) qui seraient préjudiciables à plusieurs plantes.

Céréales (grains)

Qu'ils soient crus ou cuits, les restes des grains de céréales tels que le riz, le blé, l'avoine, l'orge, le millet, le maïs de même que les farines qui en résultent peuvent être compostés selon toutes les méthodes de compostage. Quant aux céréales à déjeuner, elles pourront également être compostées à condition de ne pas contenir des quantités excessives de sucre ou de ne pas être associées à d'autres produits indésirables tels que le lait. Par contre, il n'y a pas de problème à composter les céréales auxquelles de la boisson de soya a été ajoutée.

Champignons

La plupart des champignons qui poussent sur votre terrain peuvent être compostés sans risque. Cependant, vous ne devrez pas vous hasarder à les manger pour autant. Même si la plupart sont inoffensifs, d'autres peuvent être toxiques pour les humains. Alors, si vous voulez les consommer, assurez-vous de les identifier correctement en consultant des livres ou des personnes-ressources. Dans le doute, offrez-les à manger à votre composteur plutôt que de prendre des risques.

Charpie de la sécheuse

La charpie de la sécheuse est constituée la plupart du temps de fibres de tissus synthétiques, donc non biodégradables. À moins que tous vos vêtements soient confectionnés avec des fibres naturelles (coton, lin, chanvre, laine), il est préférable de ne pas composter la charpie de la sécheuse. Mais comment minimiser toute cette perte? Pensez à utiliser le séchage à l'air libre le plus souvent possible. Enfin, un petit truc pour valoriser la charpie de la sécheuse (si celle-ci ne contient pas de poils d'animaux) consiste à l'utiliser comme bourre dans la confection des coussins.

Cheveux

Les cheveux humains peuvent être compostés selon toutes les méthodes à condition qu'ils n'aient pas subi de traitement synthétique (coloration, permanente, etc.). Les cheveux peuvent servir de répulsif pour éloigner les écureuils et les chevreuils. Certains salons de coiffure recyclent les cheveux naturels pour en faire des perruques.

Compost

Une fois votre système installé, vous pourrez utiliser votre compost moyennement ou totalement décomposé pour stimuler la décomposition de votre jeune compost. En fait, de cette façon, vous ajouterez à votre compost en formation des organismes décomposeurs (micro-organismes et vers de terre). Cette méthode est particulièrement pratique dans le cas du compostage domestique et du compostage intermédiaire. Bien évidemment, la meilleure façon pour valoriser le compost demeure son utilisation au jardin.

Cônes des conifères

Les cônes (vulgairement appelés les cocottes) qui sont les fruits des conifères (pins, sapins, épinettes, mélèzes, pruches) peuvent se composter avec un minimum de préparation selon les principales méthodes de compostage. Ils seront exclus dans le cas du lombricompostage. Les cônes de certains conifères tels ceux des pruches sont très courts (1,2 à 2 cm dans le cas de *Tsuga canadensis*) et peuvent se composter tels quels. Par contre, d'autres cônes ont souvent des dimensions beaucoup plus imposantes (20 cm dans le cas de *Pinus strobus*). Ces derniers auront nettement avantage à être broyés d'une quelconque façon (voir la préparation des matériaux riches en carbone dans le chapitre suivant). Tous les cônes de conifères peuvent aussi être utilisés pour confectionner de jolis bricolages. Peut-être pourriez-vous les offrir à l'école de votre quartier? Enfin, les cônes de petites dimensions pourront être utilisés comme paillis.

Copeaux et sciures de bois

Les copeaux et sciures résultant du travail du bois peuvent être compostés selon toutes les méthodes de compostage, à l'exception du lombricompostage. Cependant, tout comme la cendre, il faudra s'assurer que ces résidus proviennent de «bois propres», ce qui exclut les bois peints, les bois teints, les panneaux de particules et évidemment les bois traités. Les copeaux et les sciures de bois sont des résidus ayant une très forte teneur en carbone. De plus, la sciure de bois possédant une très forte densité, il y a donc peu d'espace d'air entre les particules. Ces caractéristiques font que les copeaux et les sciures de bois se décomposent difficilement. Ainsi, dans

le cas du compostage domestique, on ne devrait pas les utiliser dans des quantités supérieures à 10 % du volume total des matériaux à composter. Une autre façon de valoriser les copeaux et les sciures de bois consiste à les utiliser en tant que paillis. Cette pratique comporte tout de même un risque lorsqu'un tel paillis est utilisé à proximité des végétaux. En fait, en raison de leur très forte proportion en carbone, les copeaux et sciures de bois risquent d'entraîner une faim d'azote (voir encadré) qui serait préjudiciable aux plantes. Voilà pourquoi les paillis constitués de copeaux et de sciures de bois devraient être réservés exclusivement pour les sentiers.

FAIM D'AZOTE

Lorsque des matériaux très riches en carbone sont utilisés directement sur le sol, les micro-organismes doivent puiser dans le sol des quantités appréciables d'azote pour décomposer ces ingrédients. Le taux d'azote du sol risque donc de s'abaisser dangereusement, ce qui pourra entraîner des carences en azote chez les végétaux.

Coquilles d'œufs

Les coquilles d'œufs peuvent être compostées selon toutes les méthodes de compostage. Cependant, dans le cas du compostage domestique et du lombricompostage, il sera avantageux de les stocker séparément des autres résidus de cuisine et de les broyer (voir chapitre 3 *Le compostage domestique*). Il existe aussi deux autres façons de valoriser les coquilles d'œufs broyées au jardin. Celles-ci peuvent être ajoutées directement au sol en guise d'amendement calcaire (au même titre que la chaux ou la cendre). Broyées grossièrement, les coquilles d'œufs peuvent également servir de barrière pour protéger certaines plantes sensibles contre les attaques des limaces (voir *Le jardinage éconologique,* chapitre 10 « Les ravageurs et les maladies : prévenir plutôt que guérir »).

Crustacés

Les coquilles des crustacés (crevettes, homards, crabes, langoustes, etc.) sont tout à fait appropriées dans le cas du compostage industriel, car elles sont un apport indéniable en éléments minéraux. Cependant, dans le cas du compostage domestique et du lombricompostage, leur utilisation est à proscrire puisque les coquilles de crustacés risquent de générer des problèmes d'odeur et d'attirer la vermine. Pour ce qui est du compostage intermédiaire, ces matériaux devraient être utilisés avec circonspection. De plus, on aura nettement avantage à les broyer.

Écales de noix, d'arachides et de graines

Les écales de noix, d'arachides et de graines (ex. : graines de tournesol) peuvent être compostées sans aucune préparation dans le cas du compostage industriel. Cependant, il sera préférable de les broyer d'une quelconque façon (voir la section « Préparation des matériaux bruns » dans le chapitre 3 *Le compostage domestique*) si on désire les utiliser dans le compostage domestique, le compostage intermédiaire et le lombricompostage. Lorsqu'elles sont broyées, les coquilles de noix peuvent également servir de paillis, mais cette utilisation devrait être évitée à proximité des plantes puisque les écales sont très riches en carbone (voir encadré « Faim d'azote »).

Excréments d'animaux d'élevage

Les excréments d'animaux d'élevage (poules, lapins, vaches, moutons, chèvres, chevaux), aussi appelés les fumiers, comportent des quantités appréciables d'éléments minéraux. Ils sont donc un apport très intéressant dans le compostage industriel. Dans le cas du compostage intermédiaire, les excréments d'animaux d'élevage seront acceptables seulement si le processus de compostage est suffisamment contrôlé pour que la température visée soit atteinte (voir chapitre 4 *Le compostage intermédiaire*). Il faut savoir que les fumiers recèlent à différents degrés des quantités appréciables de graines de plantes adventices de même que des insectes nuisibles et d'autres organismes potentiellement pathogènes pour les plantes et même les humains. C'est pourquoi les excréments d'animaux d'élevage seront à proscrire dans le cas du compostage domestique et du lombricompostage puisque, dans ces méthodes, il y a peu ou pas d'augmentation appréciable de température pour détruire ces indésirables.

Excréments et litières d'animaux domestiques

Les excréments et les litières des animaux domestiques (chiens, chats, oiseaux, lapins, hamsters, etc.) peuvent contenir des micro-organismes potentiellement pathogènes pour les humains. Pour cette raison, ils sont à éviter dans le compostage domestique et le lombricompostage puisque, dans ces méthodes, la température n'atteint pas, la plupart du temps, un degré suffisamment élevé pour détruire ces pathogènes. Les excréments et les litières des animaux domestiques pourront cependant être compostés selon la méthode de compostage intermédiaire si le processus de compostage est suivi scrupuleusement. Autrement, ils pourront être valorisés avec moins de risque par le compostage industriel.

Excréments humains

Les excréments humains risquent plus que toute autre matière fécale de contenir des organismes pathogènes pour les humains. Pour cette raison, il vaut mieux les écarter de toutes les méthodes de compostage. Quant à la technique des toilettes à compost qui est parfois utile loin des centres urbains, elle demande un suivi rigoureux pour éviter toute contamination. D'ailleurs, cette technique encore très marginale est parfois soumise à certaines réglementations.

Feuilles de rhubarbe

Les feuilles de rhubarbe contiennent un ingrédient qui a des propriétés insecticides. Il n'est donc pas recommandé de les mettre au compost, car cette pratique pourrait avoir un effet répulsif et même mortel sur l'ensemble des organismes responsables de la décomposition, dont certains insectes. Les feuilles de rhubarbe seront donc écartées du compostage domestique et du lombricompostage, mais elles pourront être utilisées avec discernement dans le compostage intermédiaire. Cependant, il existe une très bonne façon de les valoriser. Il s'agit de fabriquer une infusion de rhubarbe (voir encadré) qui sera utile en tant qu'insecticide au jardin. À noter que les feuilles de rhubarbe pourront être compostées industriellement puisque, dans ce cas, le volume de ces dernières sera souvent négligeable par rapport aux autres matériaux. D'autre part, les tiges de rhubarbe peuvent être compostées dans tous les cas.

INFUSION DE RHUBARBE (INSECTICIDE)

Laissez infuser 10 à 12 feuilles de rhubarbe dans 8 litres d'eau bouillante durant 24 heures. Retirez les feuilles (à ce stade, vous pourrez composter les feuilles de rhubarbe sans risque puisque les principes insecticides en auront été extraits). Ajoutez 2 ml de savon insecticide par litre d'extrait (pour l'adhérence). Utilisez l'extrait non dilué en vaporisation sur le feuillage de la plante visée. L'infusion de rhubarbe peut être utile pour contrôler les pucerons, les acariens et les limaces.

Feuilles mortes

Les feuilles mortes des arbres constituent, principalement en ville, une des plus importantes sources de matériaux riches en carbone. À l'exception du lombricompostage, où les feuilles seront écartées pour éviter d'introduire des

organismes indésirables dans la maison, les feuilles pourront être utilisées dans toutes les autres méthodes. Cependant, il existe d'autres façons pour valoriser les feuilles mortes (voir encadré).

Alors que toutes les feuilles pourront être compostées dans le compostage intermédiaire et le compostage industriel, les feuilles de chêne et de noyer seront compostées avec discernement dans le compostage domestique puisque ces dernières contiennent des tanins qui ne sont pas particulièrement prisés des organismes décomposeurs. Ces feuilles prennent donc beaucoup plus de temps que les autres à se décomposer. Si vous ne possédez qu'un faible pourcentage de chênes ou de noyers sur votre terrain, vous pourrez composter les feuilles de ces derniers mélangées aux autres feuilles, et ce, sans trop d'effets négatifs. Par contre, si votre terrain est aménagé avec une majorité de chênes ou de noyers, vous aurez intérêt à procéder selon la méthode suivante : déposez vos feuilles de chênes et (ou) de noyers dans un enclos à feuilles (voir la section « Le stockage et la préparation des matériaux bruns » du chapitre 3 *Le compostage domestique*) et laissez celles-ci exposées aux aléas des conditions météorologiques durant 6 à 12 mois. Durant cette période, les tanins contenus dans les feuilles seront en grande partie lessivés dans le sol par l'action de la pluie et de la fonte de la neige. Vous pourrez par la suite composter les feuilles de chênes et de noyers sans craindre que les tanins ne nuisent aux organismes décomposeurs. Cette méthode offre cependant le désavantage de lessiver également les éléments minéraux.

Les feuilles mortes sont présentes en abondance à l'automne, alors qu'elles sont plus difficiles à trouver en plein cœur de l'été. Pour plus de détails sur le stockage et la préparation des matériaux bruns, voir chapitre 3 *Le compostage domestique*.

D'AUTRES BONNES FAÇONS DE VALORISER LES FEUILLES MORTES

Une très bonne façon de valoriser les feuilles consiste à les broyer directement sur la pelouse avec la tondeuse déchiqueteuse (sans le sac) au fur et à mesure que les feuilles tombent. Ainsi, vous pratiquerez en quelque sorte du compostage de surface et les feuilles se décomposeront progressivement sur le sol, apportant des éléments minéraux complémentaires à ceux fournis par les rognures de gazon, le compost ou les engrais naturels. Il faudra cependant éviter de broyer de trop grandes quantités de feuilles, car celles-ci formeront un paillis sur la pelouse qui risquera alors de se détériorer. Lorsque les feuilles recouvrent plus de 50% de la surface de la pelouse, il est alors préférable de les ramasser.

Une autre méthode pour valoriser les feuilles mortes consiste à les broyer et à les utiliser comme paillis au potager ou dans les plates bandes.

D'autre part, si vous aviez l'habitude de ramasser les feuilles qui tombent naturellement sur vos plates-bandes et votre potager à l'automne, vous devriez les laisser sur place à l'avenir, car elles font ainsi office de protection hivernale.

Fleurs coupées

Les fleurs coupées qui proviennent de votre jardin peuvent être compostées dans la majorité des méthodes de compostage. Cependant, il faudra les éviter dans le lombricompostage où il est préférable de ne pas introduire de matériaux provenant de l'extérieur. Quant aux fleurs coupées achetées chez le fleuriste, il faut être conscient que celles-ci sont très souvent cultivées avec des pesticides. Pour cette raison, il sera préférable de ne pas exagérer les quantités à composter… ce qui est rarement un problème pour la plupart des gens.

Foin

Les ballots de foin servent normalement à nourrir les animaux d'élevage (vaches, bœufs, chevaux, chèvres, moutons, etc.), mais lorsqu'ils n'ont pas été utilisés dans l'année, les surplus de foin peuvent être compostés selon les méthodes de compostage intermédiaire et industriel. Il est cependant préférable d'éviter d'utiliser les ballots de foin dans le compostage domestique, car ceux-ci peuvent contenir des quantités appréciables de graines de plantes adventices. Pour cette même raison, avec en plus la possibilité de contamination extérieure, le foin est à éviter dans le lombricompostage.

Fruits (noyaux)

Les noyaux de fruits (prunes, pêches, avocats, etc.) se décomposent lentement du fait qu'ils sont robustes et coriaces, et particulièrement dans le cas des noyaux de pêches. Cependant, avec un peu de patience, on constate qu'ils finissent tout de même par se transformer, tôt ou tard, en compost. Si vous pouvez tolérer le fait que des noyaux de fruits vont se retrouver dans vos plates-bandes (ce qui n'est tout de même pas un problème majeur), ne vous privez pas de les composter. Autrement, sachez que les noyaux de fruits peuvent être utilisés sans trop de restriction dans le compostage intermédiaire et le compostage industriel. Il sera cependant préférable de ne pas utiliser les noyaux de fruits dans le lombricompostage, car ces derniers risqueraient d'occuper un espace déjà limité dans ce type de compostage.

Fruits (résidus et jus)

Les résidus (pelures et parties détériorées) et les jus de tous les fruits peuvent se composter selon toutes les méthodes. Cependant, dans le cas du

compostage domestique et du lombricompostage, certains résidus de fruits plus grossiers (pelures de melon, feuilles d'ananas, etc.) auront avantage à être coupés plus finement afin d'en faciliter la décomposition. Si certains fruits comportent des étiquettes (c'est souvent le cas pour les bananes et les pommes), enlevez-les, car elles sont souvent faites de matière plastique, donc non compostables. Pour minimiser la problématique de la présence des mouches à fruits, référez-vous à la section «La collecte des résidus de cuisine» du chapitre 3 *Le compostage domestique.*

DEVRAIT-ON COMPOSTER LES RÉSIDUS DES FRUITS ET LÉGUMES QUI SONT ISSUS DE L'AGRICULTURE INDUSTRIELLE?

Les fruits et les légumes qui sont issus de l'agriculture industrielle peuvent contenir à des niveaux variables des résidus de pesticides et autres produits potentiellement toxiques qui peuvent nuire à notre santé et à celles des organismes décomposeurs. De plus, ce mode de culture porte préjudice à l'environnement. La meilleure approche consiste à minimiser la consommation de ces aliments et à consommer des aliments certifiés biologiques ou encore à les cultiver soi-même de la façon la plus naturelle (voir *Le jardinage éconologique*, chapitre 5 «Le potager: produire des légumes sains et économiser»).

Malgré tout, si comme la plupart des gens vous consommez des aliments issus de l'agriculture industrielle, il ne serait pas approprié d'écarter les résidus de ces aliments du compostage, et ce, pour deux raisons.

Dans un premier temps, il faut savoir qu'il est moins risqué de composter ces résidus que de les consommer. En effet, lorsque vous les mangez, vous absorbez directement les produits toxiques alors que si vous compostez les résidus de ces mêmes aliments, les micro-organismes responsables de la décomposition se chargent de neutraliser la plupart des toxines avant qu'elles ne reviennent sur votre table sous la forme d'un aliment quelconque.

D'autre part, il ne serait pas sain pour l'environnement que vous écartiez du compostage tous les résidus des aliments qui sont issus de l'agriculture industrielle, car ces derniers causent des dommages à l'environnement lorsqu'ils sont dirigés vers les incinérateurs ou les lieux d'enfouissement.

L'HERBICYCLAGE

L'herbicyclage est la méthode qui consiste à laisser les résidus de tonte sur place. Pour ce, utilisez idéalement une tondeuse-déchiqueteuse (autrement, vous pourrez sans doute convertir votre tondeuse en remplaçant la lame) et enlevez le sac évidemment. De cette façon, vous verrez disparaître les petits brins de gazon qui se transformeront en quelque sorte en engrais pour votre pelouse puisque vous lui fournirez ainsi près de 30 % de ses besoins en éléments minéraux.

L'herbicyclage est la méthode la plus éconologique (écologique, économique et logique) qui soit pour valoriser les résidus de tonte.

Gazon (rognures)

La méthode la plus éconologique qui soit pour valoriser les rognures de gazon consiste à pratiquer l'herbicyclage (voir encadré). Si vous êtes de ceux qui tiennent tout de même à ramasser les rognures de gazon, sachez que celles-ci doivent être compostées avec beaucoup de discernement à cause de leur important contenu en azote. Alors que cette caractéristique en fait un ingrédient recherché dans le compostage intermédiaire et le compostage industriel, elle est parfois problématique dans le compostage domestique. En effet, les rognures de gazon fraîches peuvent générer de sérieux problèmes d'odeur si elles ne sont pas gérées adéquatement. En fait, l'odeur qui se dégage d'une grande quantité de rognures de gazon, après quelques heures, est de l'ammoniac. De quoi faire fuir tous les résidents du quartier et causer mauvaise réputation au compostage domestique. De plus, un liquide contenant de bonnes quantités d'éléments minéraux, qu'on appelle le lixiviat, risque de s'échapper du composteur et ainsi polluer le sol de la même manière que le purin de porc. Si vous tenez à tout prix à ramasser vos rognures de gazon, il faut évidemment les composter, mais pas de n'importe quelle façon. Voici trois solutions pour minimiser les problèmes d'odeur :

1. Si vous prenez soin d'entreposer suffisamment de feuilles mortes à l'automne (voir la section sur « Le stockage et la préparation des matériaux bruns » du chapitre 3 *Le compostage domestique*), vous pourrez mélanger deux parties

Les rognures de gazon peuvent être compostées avec moins de risques si elles sont séchées.

de feuilles mortes (ou tout autre matériau riche en carbone) à une partie de rognures de gazon. Parce que ces deux ingrédients sont complémentaires (les rognures de gazon sont riches en azote et les feuilles mortes le sont en carbone), le processus de compostage sera facilité. En fait, les rognures de gazon vont aider à la décomposition des feuilles et ces dernières vont limiter les pertes d'azote provenant des rognures de gazon par évaporation et par lessivage.

2. Si vous n'avez pas suffisamment de matériaux bruns en réserve, il sera souhaitable de faire sécher vos rognures de gazon avant de les déposer au composteur à la manière des agriculteurs qui fanent le foin avant de l'entreposer. Pour ce faire, étendez les rognures de gazon en minces couches (environ 10 cm) sur le sol, puis laissez-les sécher au soleil durant une journée ou deux. Par la suite, vous pourrez composter les rognures de gazon sans risque.

3. En ajoutant de petites quantités de rognures de gazon occasionnellement dans votre composteur, il n'y aura pas de risque d'odeur et de pollution. Considérant que les rognures de gazon sont riches en azote, elles pourront même être un apport intéressant pour activer la décomposition.

Comme pour tous les ingrédients qui proviennent de l'extérieur, les rognures de gazon ne sont pas souhaitables en lombricompostage.

Enfin, il existe une autre façon de valoriser les rognures de gazon. Elle consiste à les utiliser comme paillis dans les plates-bandes de fleurs et le potager. Pour cet usage, il sera préférable d'utiliser les rognures des premières tontes de la saison, cela pour éviter que de nombreuses semences de gazon ne s'y retrouvent.

Gazon (chaume)

Le chaume et les autres résidus organiques qu'on enlève en passant le râteau au printemps peuvent être compostés selon toutes les méthodes à l'exception du lombricompostage. Cependant, sachez que le déchaumage à l'aide d'un outil spécialisé est une intervention stressante et de toute façon inutile sur une pelouse entretenue écologiquement (voir *Le jardinage éconologique,* chapitre 4 « La pelouse : sortir du cycle infernal du chimique pour économiser temps et argent »). De plus, il n'est nullement nécessaire de vous éreinter en passant le râteau trop énergiquement. Il s'agit simplement de râteler doucement pour recueillir le gazon mort et les autres résidus (feuilles, excréments) qui se détachent facilement du gazon. Dans le sol d'une pelouse entretenue écologiquement, les résidus organiques laissés sur place serviront de nourriture pour les vers de terre et les micro-organismes.

Gazon (plaques)

Les plaques de gazon peuvent être compostées en tas.

Si comme bien des jardiniers, la surface de vos plates-bandes et de votre potager s'agrandit un peu plus chaque année au détriment de votre pelouse, sachez que les plaques de gazon que vous enlevez se décomposent très bien, entre autres parce qu'elles contiennent des quantités appréciables de sol, donc d'organismes décomposeurs. La meilleure façon de composter une importante quantité de plaques de gazon consiste à les composter en tas en les accumulant à l'envers et en les couvrant d'une toile géotextile (voir la section « Le compostage en tas » du chapitre 3 *Le compostage domestique*).

Gras et huiles

Les aliments (salades, pâtes, soupes, etc.) qui contiennent des gras et des huiles doivent être utilisés avec discernement dans le compostage, car ils retardent la décomposition en rendant l'accès aux aliments plus difficile pour les organismes décomposeurs. Cependant, si les aliments ne sont enduits que très légèrement de gras et d'huile, ils pourront être compostés sans causer trop de dommages. Par contre, s'ils baignent dans le corps gras, il faudra éviter de les mettre au compostage domestique. D'autre part, vous pourrez diriger ces aliments vers le compostage intermédiaire ou le compostage industriel où les volumes considérables permettront de diluer les gras et les huiles. Pour éviter les pertes inutiles, la prochaine fois que vous ferez une salade, rappelez-vous d'ajouter la vinaigrette seulement dans la portion de salade que vous prévoyez consommer.

Légumes crus et cuits (pelures et résidus)

Les pelures et les résidus des légumes, qu'ils soient crus ou cuits, contribuent sans doute pour une large part à encombrer votre poubelle de cuisine (à moins que vous ne soyez totalement carnivore et que vous ne mangiez que des aliments transformés…). Heureusement, ces ingrédients sont acceptables pour toutes les méthodes de compostage. Bien que les légumes crus soient plus riches en éléments minéraux, les légumes cuits ne doivent pas être écartés pour autant, à condition qu'ils n'aient pas été cuits avec des quantités astronomiques de sel. Attention, si l'excès de sel n'est pas bon pour vous, il ne l'est pas non plus pour les organismes responsables de la décomposition. Concernant les légumes qui sont issus de l'agriculture industrielle, voir l'encadré dans la section qui traite des fruits.

Légumineuses

Les légumineuses (crues ou cuites) peuvent être utilisées sans restriction dans tous les types de compostage.

Maïs (épis et pelures)

Les épis et les pelures de maïs peuvent être compostés sans restriction dans le compostage industriel, mais seront écartés du lombricompostage. Dans le cas du compostage domestique et du compostage intermédiaire, on aura avantage à couper les épis de maïs en petites sections pour en faciliter la décomposition. Autrement, vous les retrouverez presque en entier un an plus tard.

Mollusques (moules, huîtres, palourdes)

Les mollusques doivent être écartés du compostage domestique et du lombricompostage, car les odeurs qu'ils dégagent pourraient attirer des indésirables. Ils pourront cependant être utilisés dans le compostage industriel. Quant au compostage intermédiaire, ils seront utilisés avec discernement, et ce, après avoir été préalablement broyés.

Paille

La paille, qui est en fait un résidu de la récolte des graminées (blé, avoine, orge), qui se présente en ballot et qui sert habituellement de litière aux animaux d'élevage, peut être compostée selon toutes les méthodes, sauf le lombricompostage. Une bonne façon de trouver de la paille gratuite est de recueillir les ballots de paille qui servent aux décorations d'Halloween et qui se retrouvent souvent aux ordures le lendemain de la fête (quel gaspillage). La paille peut également

Les ballots de paille qui sont utilisés comme décoration d'Hallowen peuvent être compostés.

constituer un paillis très intéressant au potager. Si vous soupçonnez que vos ballots de paille peuvent contenir d'importantes quantités de graines de graminées (cette caractéristique est variable selon la méthode utilisée pour récolter la paille), vous aurez avantage à procéder de cette façon : séparez les sections de votre ballot de paille et secouez-les énergiquement sur une toile afin d'en faire sortir les graines. Par la suite, vous pourrez composter la paille ou l'utiliser comme paillis au jardin.

Pain séché ou rassis

Les restants de pain séché ou rassis peuvent être compostés selon toutes les méthodes de compostage. Comme ils peuvent tout de même contenir une certaine quantité de gras ou de produits laitiers, les quantités à composter devraient toujours être raisonnables par rapport au volume des matières compostées. À titre d'exemple, il ne serait pas sage de composter une dizaine de pains dans un composteur domestique régulier.

Papier journal

La meilleure façon de valoriser le papier journal demeure le recyclage. Cependant, il est aussi possible de le composter après une certaine préparation, et ce, dans toutes les méthodes de compostage. En effet, contrairement à d'autres papiers, le papier journal est fabriqué principalement à partir d'un procédé mécanique qui transforme les copeaux de bois en pâte de papier, sans ajout de produits chimiques. D'autre part, l'encre noire utilisée aujourd'hui est d'origine végétale, ce qui n'était pas le cas

Bien que l'on puisse composter le papier journal, la meilleure façon de le valoriser demeure le recyclage.

autrefois, alors qu'on retrouvait du plomb dans l'encre du papier journal. Par contre, l'encre de couleur, qui est de plus en plus utilisée dans l'impression des journaux, est susceptible de contenir des métaux lourds qui sont potentiellement toxiques pour tous les organismes vivants. Pour utiliser le papier journal dans le compostage, il importe de le préparer adéquatement. Dans un premier temps, il faudra effectuer une rigoureuse sélection en mettant de côté toutes les feuilles de papier journal qui sont imprimées avec de l'encre de couleur. Si vous faites l'exercice avec votre quotidien, vous réaliserez très vite que les pages qui ne sont pas imprimées avec de l'encre de couleur se résument parfois aux annonces classées, aux pages de la bourse et… aux avis de décès. Ensuite vous aurez avantage à découper ou à déchirer les pages sélectionnées en bandelettes, ou mieux, à les déchiqueter à l'aide d'une déchiqueteuse de bureau. Enfin, avec tout ce travail, il y a fort à parier que vous privilégierez le recyclage du papier journal.

Comme vous le verrez dans le chapitre suivant, un petit truc pratique consiste à placer une feuille de papier journal dans le fond du contenant récupérateur de cuisine. Enfin, il est aussi possible d'utiliser le papier journal comme coupe-végétation dans un secteur du jardin que vous désirez aménager éventuellement, et ce, sans avoir à détruire le gazon. Il s'agit de placer plusieurs couches de papier journal (encre noire seulement), de l'humidifier et finalement de le couvrir d'une épaisse couche de paillis (10 à 15 cm). Enfin, il faudra être patient, car vous ne pourrez probablement pas cultiver dans cette section avant au moins un an, en fait jusqu'à ce que le papier journal soit presque complètement décomposé. À ce moment, vous n'aurez qu'à écarter le paillis pour y installer vos plantes. Certains jardiniers utilisent de la terre à la place du paillis, mais cette méthode n'est pas sans risque parce qu'ainsi, il est possible d'introduire certains éléments indésirables (insectes ravageurs, semences de plantes adventices, etc.). Pour plus d'information, consultez *Le jardinage éconologique,* chapitre 1, page 10 « Acheter de la terre : un réflexe pas toujours justifié ».

Papiers fins

Les papiers fins de bureau doivent être écartés de tous les types de compostage. En effet, contrairement au papier journal, le procédé utilisé pour la fabrication du papier de bureau implique un arsenal de produits chimiques pour blanchir ou pour colorer le papier. Pour cette raison, il est préférable de ne pas le composter, car les ingrédients chimiques sont dommageables pour les organismes responsables de la décomposition.

Pour éviter le gaspillage des ressources, procurez-vous des papiers fins constitués en grande partie de matériaux recyclés, utilisez les deux faces du papier et en fin de course, déposez les papiers fins dans votre bac de recyclage. Si la collecte de matières recyclables n'est pas disponible à votre porte, informez-vous auprès de votre municipalité pour connaître les emplacements des bacs de recyclage collectifs.

Papiers mouchoirs

Les papiers mouchoirs sont fabriqués selon un procédé chimique qui permet de blanchir le papier. De plus, de par leur fonction, les papiers mouchoirs sont la plupart du temps contaminés avec des organismes potentiellement pathogènes pour les humains. Pour ces raisons, les papiers mouchoirs seront écartés de la majorité des méthodes de compostage (quoiqu'ils soient parfois acceptés dans la collecte des matières compostables de certaines municipalités), de même que dans le recyclage.

Pâtes alimentaires

Les restants de pâtes alimentaires peuvent être compostés facilement selon toutes les méthodes de compostage.

Les plantes adventices

Les plantes adventices (voir encadré), ces mal aimées, sont parfois écartées systématiquement du compostage sous prétexte qu'on ne veut pas que ces plantes prolifèrent dans le compost et ensuite dans notre jardin. C'est souvent une erreur puisque ces plantes contiennent d'importantes quantités d'éléments minéraux. Elles sont donc très utiles pour enrichir le compost. Si vous désherbez régulièrement votre jardin et que tout ce que vous recueillez constitue des tiges, des racines, des feuilles et de jeunes fleurs en formation, il n'y a vraiment aucun problème à composter ces plantes. Par contre, dans le cas du compostage domestique spécifiquement (à moins d'user de la stratégie décrite dans l'encadré de la page 46), il faudra écarter les plantes qui sont au stade de fructification, c'est-à-dire en graines ou sur le point de l'être, de même que les plantes à rhizomes (système de tiges souterraines qui peuvent émettre de nouvelles tiges aériennes). Il faut savoir que le peu de chaleur

Les plantes adventices ne doivent pas être systématiquement écartées du compostage.

LES PLANTES ADVENTICES

Les plantes qu'on surnomme trop souvent les **mauvaises herbes** ne méritent pas ce qualificatif négatif. Heureusement, il existe un autre terme beaucoup moins péjoratif pour définir les plantes qui poussent dans un endroit où elles n'ont pas été invitées. Vous pourrez maintenant les nommer des *plantes adventices*.

En fait, peu de plantes peuvent vraiment être qualifiées de mauvaises (mis à part l'herbe à poux et l'herbe à puce qui causent préjudice à la santé des humains) et plusieurs plantes qualifiées de mauvaises ont des propriétés très intéressantes. À titre d'exemple, le pissenlit possède des propriétés culinaires et médicinales très recherchées. D'ailleurs, certains fournisseurs de semences offrent des graines de pissenlits ainsi que de nombreuses autres semences de plantes trop souvent qualifiées de mauvaises. Alors, n'hésitez plus et lorsque vous observerez des plantes qui poussent au mauvais endroit ou au mauvais moment, pensez maintenant à les nommer des *plantes adventices*. Cette nouvelle habitude vous entraînera sans doute à voir ces plantes autrement et ainsi à ne plus vouloir les exterminer à tout prix, et ce, au détriment de l'environnement et de la santé de tous.

générée lors du compostage domestique ne permet pas de détruire les graines et les rhizomes des plantes adventices. Les plantes adventices seront totalement écartées du lombricompostage alors qu'elles seront compostées sous contrôle dans le compostage intermédiaire et le compostage industriel.

Plantes herbacées cultivées

Les plantes herbacées cultivées au jardin (plantes ornementales, légumières, aromatiques) peuvent être compostées sans risque selon toutes les méthodes, mis à part le lombricompostage. Dans le cas du compostage domestique, il faudra cependant être vigilant lorsque les plantes sont malades ou infestées d'insectes ou encore si elles ont été traitées avec des pesticides (voir les sections suivantes qui traitent spécifiquement de ces sujets). Même chose pour les plantes réputées pour être très envahissantes par leurs graines (myosotis, *nicandra*, etc.) ou par leurs rhizomes (*ægopodium*, pétasite). Dans ces cas, il pourra être préférable de les écarter du compostage domestique ou encore de fabriquer un purin tel que décrit dans la section sur les plantes adventices. Pour la majorité des plantes, il n'y a aucun problème même si celles-ci sont en graines, surtout si vous avez un bon suivi du processus de compostage, car dans ce cas les graines germeront et les jeunes plantules se décomposeront rapidement en l'absence de lumière. Enfin, si malgré tout, des graines de plantes cultivées demeurent viables jusqu'à ce que le compost soit appliqué au jardin, vous aurez peut-être l'agréable surprise de voir surgir des plants de tomates ou de fleurs variées à certains endroits dans votre jardin. C'est ce qu'on pourrait appeler « un beau problème ».

DES STRATÉGIES POUR PROFITER DE L'APPORT EN ÉLÉMENTS MINÉRAUX DES PLANTES ADVENTICES SANS RISQUE

1. Désherbez régulièrement, vous récolterez ainsi peu de plantes en graines.
2. Maintenez toujours une humidité adéquate dans votre compost et brassez-le régulièrement (voir la section sur l'entretien du compost du chapitre 3 *Le compostage domestique*). De cette façon, les graines potentiellement viables germeront dans le compost et les jeunes plantules se décomposeront rapidement.
3. Maintenez votre composteur fermé lorsque les graines de plantes adventices prolifèrent abondamment dans l'environnement.
4. Mettez de côté les fleurs qui sont transformées en graines ou sur le point de l'être telles que les pissenlits lorsque les capitules sont déployés et compostez toutes les autres parties des plantes (tiges, racines, feuilles, jeunes fleurs).
5. Faites sécher les plantes adventices qui comportent un système de rhizome. Lorsque les rhizomes seront cassants, ils pourront être compostés sans risque.
6. Fabriquez un purin avec les plantes qui sont en graines ou sur le point de l'être et les plantes à rhizomes. Pour ce faire, placez les plantes dans un seau de plastique, couvrez d'eau, refermez le seau et laissez macérer durant une dizaine de jours en brassant quotidiennement. Durant cette période, les graines et les rhizomes vont littéralement pourrir, ils seront donc non viables. Enfin, ouvrez le seau et… sauvez-vous ! En effet, le purin de plantes porte bien son nom puisque l'odeur qu'il dégage est semblable à celle du purin de porc. Plus sérieusement, vous pourrez utiliser votre purin dilué comme fertilisant d'appoint au jardin ou encore ajouter le tout directement au compost. Vous aurez ainsi fabriqué un des meilleurs activateurs de compost. Il s'agit d'une méthode qui n'est cependant *pas souhaitable en zone urbaine*, car l'odeur risque d'incommoder les voisins (et pour cause !) et par le fait même nuire à la réputation du compostage domestique.

Plantes d'intérieur

Les plantes d'intérieur peuvent être compostées sans risque, et ce, pour toutes les méthodes de compostage (y compris le lombricompostage). La seule restriction peut cependant être associée au terreau qui a été utilisé (voir la section « Terreaux d'empotage »).

Plantes malades ou infestées d'insectes

Les plantes malades ou infestées d'insectes pourront être compostées selon des méthodes contrôlées, soit dans le compostage intermédiaire et dans le compostage industriel. Cependant, elles seront totalement exclues dans le lombricompostage et devront être utilisées avec discernement dans le compostage domestique. Concernant les plantes infestées d'insectes, leur compostage est habituellement sans risque puisque le compost « fourmille » de nombreux prédateurs qui se nourriront allègrement de ces insectes. Pour les plantes malades, il faudra être plus prudent. Si les plantes que vous désirez composter comportent quelques petites taches, cela ne devrait pas vous empêcher de le faire. Par contre, si la plante est très affectée et s'il s'agit d'une maladie particulièrement virulente telle que la tavelure du pommier, il sera préférable de ne pas en faire du compost. Il faut savoir que dans le compostage domestique, l'élévation de température est souvent insuffisante pour permettre la destruction des agents pathogènes responsables des maladies des plantes.

Plantes traitées avec des pesticides

Les plantes qui ont été traitées avec des pesticides devraient être écartées de tous les types de compostage, principalement s'il s'agit de pesticides de synthèse. Les pesticides sont par définition des produits potentiellement toxiques pour les organismes responsables de la décomposition, mais aussi pour nous les humains. En raison de tous les risques pour la santé et pour l'environnement reliés à l'utilisation des pesticides de synthèse, ces derniers devraient être totalement bannis, surtout en milieu urbain où vivent la majorité des gens ou encore lorsque les plantes visées sont destinées à la consommation humaine. Quant aux pesticides à faibles impacts tels que le savon insecticide et la terre de diatomée, ils peuvent aussi être toxiques, quoiqu'à un degré moindre, pour les organismes non visés tels que les insectes pollinisateurs et prédateurs. L'approche écologique de l'horticulture est basée principalement sur des méthodes préventives qui visent à éviter les problèmes de ravageurs et de maladies. Les pesticides, même les plus naturels, n'ont donc leur place qu'en derniers recours. Toutefois, les plantes qui auront été traitées avec des pesticides à faibles impacts pourront être compostées après deux ou trois jours puisque la plupart de ces produits n'ont pas d'effets persistants.

Poils d'animaux

Les poils de «Pitou» et de «Minoune» pourront être compostés sans aucune restriction dans toutes les méthodes de compostage. Mais si vous recherchez une méthode originale pour valoriser autrement les poils de votre chien ou de votre chat, sachez que vous pourrez les filer et tricoter la laine obtenue, comme on le fait avec la laine des moutons. En effet, avec un peu d'expérience... et de patience vous pourrez peut-être porter une tuque, un foulard ou un chandail confectionné avec la fourrure de votre animal préféré.

Poissons

Les résidus des poissons doivent être exclus du compostage domestique et du lombricompostage en raison des problèmes d'odeur qu'ils pourraient créer. De plus, ils risquent d'attirer de petits mammifères indésirables (tels que le chien du voisin ou une moufette en cavale). Ils pourront être utilisés avec discernement dans le compostage intermédiaire et sans aucun risque dans le compostage industriel.

Produits laitiers

Les produits laitiers (lait, yogourt, fromage) doivent être exclus du compostage domestique et du lombricompostage, car ils risquent d'attirer les petits mammifères et parce qu'ils sont également susceptibles d'entraîner des problèmes d'odeur. Ils pourront être utilisés avec sagesse dans le compostage intermédiaire, mais seront sans risque dans le compostage industriel.

Sacs dégradables

Les sacs dégradables qui sont apparus sur le marché depuis quelques années en remplacement des sacs de plastique faits de polyéthylène (voir encadré) ne sont pas, comme on pourrait le penser, systématiquement compostables. En effet, alors que certains sont fabriqués à base d'amidon de maïs ou de pommes de terre, donc biodégradables, d'autres sont faits de plastique auquel on a ajouté un additif pour faire éclater la matière. Bien que ces derniers se décomposent plus rapidement que les sacs totalement de plastique, leurs effets sur l'environnement ne sont pas encore connus. Si vous désirez composter des sacs dégradables, assurez-vous qu'il s'agit bien de sacs biodégradables. De plus, dans le cas du compostage domestique, abstenez-vous de laisser les résidus de cuisine dans ces sacs. Puisque la décomposition de ces derniers peut prendre plusieurs semaines avant de s'amorcer, les résidus de cuisine qui se décomposeront en l'absence d'air (décomposition anaérobie) risquent de sentir mauvais. Enfin, les sacs de plastique dégradables peuvent être réutilisés comme sacs à poubelle.

DES SACS DE PLASTIQUE PERSISTANTS

Les sacs de plastique généralement constitués de polyéthylène ont une durée d'utilisation de 20 minutes, alors qu'ils peuvent mettre jusqu'à 450 ans pour se dégrader dans l'environnement. Parce qu'ils sont facilement dispersés par le vent, ils constituent une nuisance visuelle et peuvent causer préjudice à la faune ailée et marine. La meilleure approche pour minimiser cet important problème demeure la réduction à la source. Si ce n'est déjà fait, procurez-vous des sacs réutilisables faits de tissu ou de plastique recyclé.

Sac de l'aspirateur (contenu)

Le contenu du sac de l'aspirateur a la plupart du temps diverses origines. Même si plusieurs des menus détritus recueillis dans le sac de l'aspirateur sont organiques (cheveux, poils d'animaux, insectes, etc.), d'autres sont synthétiques (plastiques, fibres synthétiques, peintures, etc.). Puisque ces derniers ne sont pas biodégradables, il faut éviter d'utiliser le contenu du sac de l'aspirateur pour toutes les méthodes de compostage.

Sacs de papier brun

La meilleure façon de valoriser les sacs de papier brun est de les recycler ou de les réutiliser. Ils peuvent cependant être compostés selon toutes les méthodes de compostage. On prendra soin cependant d'éviter les sections de sacs de papier brun qui sont imprimés à l'encre de couleur, car celle-ci pourrait être toxique pour les organismes décomposeurs. Enfin, l'usage des sacs de papier brun devrait être limité, car même s'ils sont biodégradables, leur fabrication est encore plus dommageable pour l'environnement que celle des sacs de plastique. En effet, la production des sacs de papier implique l'utilisation de plusieurs arbres. De plus, elle requiert une grande quantité d'eau et crée de la pollution.

Samares des arbres

Les samares, parfois surnommées « hélicoptères », sont en fait les fruits de certains arbres (érables, ormes, frênes). Elles peuvent être compostées sans problème selon la plupart des méthodes de compostage, sauf dans le cas du lombricompostage. En effet, lorsque le suivi du compostage est adéquat, particulièrement en ce qui a trait à l'humidité, les samares germent et se décomposent facilement.

Serviettes de papier

Les serviettes de papier (type essuie-tout et serviettes de table) sont habituellement blanchies ou colorées avec des produits de synthèse. Puisque ces derniers risquent d'être mortels pour les organismes responsables de la décomposition, il vaut mieux la plupart du temps écarter les serviettes de papier du compostage (elles sont parfois acceptées dans le compostage industriel). Cependant, si vous arrivez à mettre la main sur des serviettes de papier qui n'ont pas subi ces traitements chimiques (parfois en vente dans les commerces de produits naturels), sachez que vous pourrez les composter à la maison à condition qu'elles ne soient pas souillées par des aliments qui sont à proscrire (viande, poissons, produits laitiers, gras, huile). Enfin, pour éviter le gaspillage des ressources, optez pour des serviettes de table en tissu.

Terre de jardin

La terre de votre jardin trouvera la meilleure place qui soit… dans votre jardin. Elle pourra cependant être très utile pour ajouter de la vie dans votre compost puisqu'en apportant de la terre, vous ajouterez en même temps des organismes décomposeurs (micro-organismes, vers de terre, etc.). Toutefois, n'exagérez pas la quantité de terre ajoutée à votre compost, pour ne pas alourdir celui-ci.

Terreaux d'empotage

Habituellement utilisés pour les plantes d'intérieur et les plantes d'extérieur cultivées en pot, les terreaux qui sont fabriqués avec des ingrédients naturels (terre, tourbe de sphaigne, compost, vermiculite, perlite, etc.) peuvent être compostés sans risque. Cependant, certains terreaux peuvent contenir des ingrédients synthétiques tels que des petites billes de styromousse (contrairement aux petites billes de perlite qui s'écrasent sous l'effet de la pression, les petites billes de styromousse rebondissent lorsqu'on les presse) ou encore des cristaux de rétention d'eau. Parce que ces ingrédients sont synthétiques, ils doivent être écartés du compostage. Pour le bien de l'environnement, évitez d'acheter ces terreaux de même que les plantes qui sont vendues dans ce type de terreau.

Thuya (résidus de taille)

À cause de leur acidité et des composés répulsifs qu'ils contiennent, les résidus de taille des thuyas (communément appelés cèdres) ne devraient pas être compostés en trop grande quantité dans le cas du compostage domestique. Dans le compostage intermédiaire et le compostage industriel, on verra à compenser ces caractéristiques en mélangeant les résidus de taille des thuyas avec des matériaux diversifiés. En fait, une très bonne façon de valoriser ces résidus consiste à les utiliser en tant que paillis à la base des thuyas ou de toute autre plante ayant une préférence pour l'acidité. Enfin, certaines entreprises fabriquent des huiles essentielles avec les résidus de taille des thuyas. Pour les connaître, consultez les pages jaunes de votre région.

Tisanes et thés (résidus et sachets)

Les résidus et les sachets de thés et de tisanes peuvent être compostés selon toutes les méthodes de compostage. Et il n'y a surtout pas à s'inquiéter pour la petite corde, le petit carton et même l'agrafe de métal, car cet apport sera négligeable.

Tissus de fibres naturelles

Bien que les tissus de fibres naturelles (coton, lin, laine, chanvre, etc.) non colorés artificiellement puissent se composter, la meilleure façon de les valoriser demeure le recyclage et la réutilisation. Un petit truc pratique consiste à utiliser des bandelettes de coton naturel comme attaches pour fixer les plants de tomates à leur tuteur. De cette façon, les attaches pourront être compostées avec les plants en fin de saison.

Tourbe de sphaigne

La tourbe de sphaigne, communément appelée « mousse de tourbe », est un amendement de piètre qualité dont on ne devrait pas encourager l'exploitation. En effet, quoique la tourbe de sphaigne soit couramment utilisée dans le compostage industriel, il faut savoir que l'extraction de cette dernière est une pratique qui entraîne la destruction de milieux naturels riches en faune et en flore que sont les tourbières. De plus, la tourbe de sphaigne est acide et son apport en éléments minéraux est négligeable. Quant à son utilisation en jardinage, retenons que la tourbe de sphaigne devrait être limitée à certains cas tels que la plantation des plantes acidophiles ou comme paillis pour ces dernières.

Urine humaine

Contrairement aux selles, l'urine d'une personne en santé ne contient pas d'agents pathogènes. Étant donné son important contenu en azote, certains pourront être tentés d'ajouter de l'urine au compost. Cette pratique, quoique sans risque pour la transmission de maladies, peut toutefois générer des problèmes d'odeur désagréable.

Pour minimiser ce désagrément, on s'assurera de diluer l'urine dans trois parties d'eau. Par contre, l'urine ne devrait pas être utilisée lorsque le site de compostage est situé en milieu urbain.

Verre, plastique, métal

Le verre, la plupart des plastiques et le métal sont maintenant recyclés dans la majorité des municipalités et cette pratique (après la réduction à la source) demeure une des meilleures pour l'environnement. Si vous ne bénéficiez pas d'un système de collecte porte à porte, informez-vous auprès de votre municipalité pour connaître les endroits de collecte communautaire.

Viandes et os

Les viandes et les os doivent être totalement écartés du compostage domestique et du lombricompostage, étant donné les problèmes d'odeur que ces ingrédients peuvent engendrer. De plus, les viandes et les os seront des appâts pour les petits mammifères. Ils pourront cependant être compostés sans risque dans le compostage industriel qui offre un environnement contrôlé. Enfin, si les viandes et les os sont utilisés dans le compostage intermédiaire, il faudra être conscient des problèmes qu'une telle pratique peut entraîner et voir à minimiser les désagréments en limitant la quantité de tels ingrédients.

CHAPITRE 3

Le compostage domestique : *composter chez soi, tout simplement*

Composter chez soi, c'est d'abord et avant tout poser un geste concret pour la protection de notre planète. À une époque où les préjudices causés à l'environnement sont devenus des sujets dont traitent régulièrement les médias, il est primordial de se demander ce que nous pouvons faire dans la vie de tous les jours pour diminuer l'impact négatif de nos comportements sur la nature. Le compostage domestique associé au recyclage et à la réduction de la consommation fait partie des gestes qui, au total, peuvent contribuer à réduire de façon significative le volume des déchets que vous générez et par le fait même votre empreinte écologique (voir encadré).

Le compostage domestique comporte également plusieurs autres avantages. Il permet d'économiser collectivement sur les frais d'enfouissement et individuellement sur l'achat de compost, un amendement utile à toutes les cultures. En effet, une famille de quatre personnes peut économiser annuellement de 50 $ à 100 $ sur l'achat de compost si elle composte les 672 kg de matières résiduelles organiques qu'elle génère en moyenne. De plus, l'impact économique sera d'autant plus intéressant si le système de compostage n'a pas nécessité un investissement trop important (voir la section « Les systèmes de compostage »).

D'autre part, le compostage domestique permet d'exercer un contrôle sur la qualité du produit fini : le compost. En effet, lorsque vous fabriquez votre propre compost, vous contrôlez les intrants, c'est-à-dire les

L'EMPREINTE ÉCOLOGIQUE

L'empreinte écologique est une estimation de la superficie de terre requise pour subvenir à vos besoins selon votre mode de vie. Votre empreinte écologique vous permet de mesurer votre influence directe sur la nature. Pour calculer votre empreinte écologique, entrez « empreinte écologique » sur un moteur de recherche Internet. Vous trouverez ainsi plusieurs sites Internet qui vous suggéreront une méthode simple pour effectuer ce calcul. Attention, le résultat pourrait vous bouleverser et vous faire réfléchir…

matériaux que vous compostez. Vous pouvez donc vous porter garant de la qualité du produit fini. Dans le chapitre précédent, vous avez été en mesure de constater quels étaient les matériaux à privilégier et ceux à éviter dans les différents types de compostage. Si vous respectez le choix des matériaux qui sont spécifiques au compostage domestique, comme moi vous n'aurez aucun scrupule à mettre le compost que vous aurez produit au pied de vos plants de tomates.

Même si le compostage domestique peut demander un peu d'efforts au début, il deviendra sans doute après quelques mois une activité simple qui sera intégrée à votre quotidien au même titre que le recyclage l'est sans doute déjà. Si vous êtes de ceux qui croient ne pas pouvoir faire de compostage domestique parce qu'ils n'ont pas le temps, détrompez-vous. Une fois la période d'adaptation passée, vous n'aurez à consacrer à cette activité qu'une moyenne de 15 minutes par semaine. En fait, ce n'est pas vous qui devrez faire le plus gros du travail, mais les organismes décomposeurs que sont les micro-organismes, les vers, etc., tels que décrits dans le premier chapitre. D'ailleurs, si vous leur offrez de bonnes conditions de travail, ces petits employés bénévoles travailleront sans relâche, comme nous le verrons plus loin.

Enfin, le compostage domestique est une activité à la fois fascinante et très valorisante. Voir se transformer sous nos yeux des matériaux qui sont considérés comme des déchets en un amendement extraordinaire qu'est le compost, tout en ayant l'impression de participer au mieux-être de la planète, fera que le compostage domestique deviendra sans doute une activité dont vous ne pourrez plus vous passer. Eh oui, on peut devenir «accro» du compostage! Et en plus, le «beau risque» c'est que cette maladie se transmet de génération en génération.

Les matériaux compostables

Comme nous l'avons vu dans le chapitre précédent, les matériaux que l'on peut composter ou non diffèrent selon le mode de compostage. Dans le cas du compostage domestique, les matériaux utilisés sont presque exclusivement des matériaux organiques d'origine végétale. Ils sont principalement constitués de résidus de la cuisine et du jardin destinés à la poubelle. Pour faciliter la gestion du compostage, les matériaux sont habituellement classés en deux catégories, soit les matériaux verts (riches en azote) et les matériaux bruns (riches en carbone). Dans le tableau suivant, vous trouverez un résumé des principaux matériaux utilisés dans le compostage domestique, mais pour plus de détails, consultez le tableau 1 (plus exhaustif) du chapitre précédent.

TABLEAU 2

LES PRINCIPAUX MATÉRIAUX À UTILISER DANS LE COMPOSTAGE DOMESTIQUE
Matériaux verts
• Résidus de fruits et de légumes • Restes de pains, de pâtes alimentaires, de céréales et de légumineuses • Résidus de café incluant le filtre • Sachets et résidus de thé et de tisane • Résidus de jardin (fleurs fanées, résidus de taille, plantes adventices) • Rognures de gazon (voir chapitre précédent) • Poils d'animaux et cheveux
Matériaux bruns
• Feuilles mortes • Brindilles • Branches déchiquetées • Copeaux et sciures de bois • Aiguilles de conifères • Papier journal (encre noire seulement) • Paille • Tissus de fibres naturelles

Certains matériaux peuvent être utilisés dans le compostage domestique sans pour autant être inclus dans l'une ou l'autre des deux catégories précédentes. C'est le cas des coquilles d'œufs, de la terre de jardin, des terreaux d'empotage et du compost.

Enfin, certains matériaux sont totalement à proscrire, comme vous le constaterez dans le tableau 3 de la page suivante.

Pour des informations détaillées sur les matériaux à éviter ou à limiter dans le compostage domestique, consultez le chapitre précédent.

TABLEAU 3

LES MATÉRIAUX À ÉVITER DANS LE COMPOSTAGE DOMESTIQUE

- Les viandes et les os
- Les poissons, les crustacés et les coquillages
- Les produits laitiers (lait, yogourt, fromages, etc.)
- Les huiles et les gras
- Les plantes malades
- Les plantes en graines et à rhizome
- Les plantes traitées avec des pesticides
- Les feuilles de rhubarbe
- Les cendres de bois
- Le contenu du sac de l'aspirateur
- La charpie de la sécheuse
- Les excréments d'animaux domestiques et la litière
- Les excréments humains

La collecte des résidus de cuisine

Le compostage domestique commence d'abord dans la maison avec le système de collecte des résidus de cuisine. Celui-ci se doit d'être simple et pratique afin que tous les membres de la famille puissent intégrer rapidement une nouvelle façon de gérer les déchets. Si vous avez déjà deux poubelles, dont l'une est utilisée pour les déchets véritables et l'autre pour les matières recyclables, vous devrez maintenant ajouter un troisième contenant qui sera consacré aux matériaux compostables. Pour faciliter le tri à la source chez les membres de votre famille, vous pourrez, comme je l'ai fait il y a plusieurs années, identifier correctement les trois contenants et les matériaux qu'on devrait y recueillir. Sur le premier contenant, vous pourrez inscrire «*Recyclage: verre, plastique, papier, métal, etc.*». À noter que les matériaux recyclables peuvent varier d'une municipalité à l'autre. Sur le second contenant, vous inscrirez «*Compostage: pelures de fruits et de légumes, résidus de café, sachets de thé et de tisanes, etc.*». Enfin, sur le troisième contenant, pourquoi ne pas inscrire «*Gaspillage*»? De cette façon, avant de déposer des matières dans ce contenant, tous y penseront peut-être deux fois.

Le contenant de récupération des résidus de cuisine

Le contenant de récupération des résidus de cuisine doit répondre à certains critères. Il devrait avoir une capacité variant de 4 à 8 litres selon la fréquence à laquelle vous irez vider le contenu au composteur. Cette fréquence peut varier de un à quatre jours selon le volume de matière que vous générez et votre bon vouloir. Tout comme vous le faites déjà pour votre poubelle de cuisine, vous avez avantage à transférer régulièrement votre contenant de récupération à l'extérieur pour éviter les problèmes d'odeur. Idéalement, votre contenant devrait être muni d'une anse pour en faciliter le transport et d'un couvercle si vous prévoyez le placer sur le comptoir. Autrement, le couvercle n'est pas essentiel, si le contenant est placé dans l'armoire de cuisine et que vous prévoyez en transférer quotidiennement le contenu à l'extérieur.

Quelques commerces offrent des contenants spécialement conçus pour récupérer les résidus de cuisine. Ils sont fabriqués de plastique ou d'acier inoxydable et certains peuvent être suspendus à l'intérieur d'une porte d'armoire. Mais pour protéger l'environnement, plusieurs contenants récupérés feront souvent très bien l'affaire. C'est le cas d'un simple seau de plastique ou encore un contenant dans lequel la nourriture pour animaux domestiques est vendue. D'ailleurs, si votre contenant est carré, vous pourrez l'accrocher à l'intérieur d'une porte d'armoire simplement en faisant deux petites encoches sur le rebord d'un des côtés du contenant et en plaçant deux vis qui dépassent à l'intérieur de la porte.

1. Certains contenants récupérés peuvent être accrochés à l'intérieur d'une porte d'armoire.
2. S'il est placé dans l'armoire, le contenant de récupération de cuisine n'a pas absolument à être muni d'un couvercle.
3. On trouve sur le marché des contenants spécialement conçus pour récupérer les résidus de cuisine.
4. Lorsqu'il est placé sur l'armoire, le contenant de récupération doit être muni d'un couvercle.

Un autre système très pratique pour faciliter la collecte des résidus de cuisine consiste à percer un trou directement dans le comptoir pour y recueillir les résidus dans un contenant placé sous le comptoir. Si vous prévoyez effectuer des travaux de rénovation dans votre cuisine, pensez-y !

Les sacs de plastique dégradables (voir chapitre précédent) qui sont fournis par certains commerces et qui sont parfois suggérés pour entreposer les résidus de cuisine destinés au compostage ne sont pas une option intéressante dans le cas du compostage domestique. Dans un premier temps, il faut se demander si c'est absolument nécessaire de gaspiller de l'énergie pour fabriquer de tels sacs alors que l'on peut se procurer des sacs réutilisables. De plus, comme la décomposition de ces sacs est souvent plus lente que la décomposition des résidus de cuisine, ces derniers se décomposeront de façon anaérobie (absence d'air), ce qui risque de causer des problèmes d'odeur. Si vous tenez absolument à utiliser ces sacs pour le compostage domestique, assurez-vous qu'il s'agit bien de sacs totalement biodégradables et ensuite prenez la peine de vider leur contenu dans le composteur avant de les jeter dedans.

Un truc simple et qui contribue à faciliter le transfert du contenant de récupération des résidus de cuisine vers le composteur consiste à déposer au fond du contenant une feuille de papier journal. Celle-ci empêchera les résidus de coller au fond du contenant lorsque viendra le temps de transférer le tout au composteur. De plus, la feuille se décomposera avec les résidus. Pour une utilisation pratique, ayez toujours à proximité de votre contenant de cuisine quelques feuilles de papier journal préparées à l'avance. Pour ce, sélectionnez les feuilles qui sont imprimées à l'encre noire seulement et par la suite coupez-les en sections dont la dimension couvrira le fond de votre contenant. La grandeur d'une page d'un quotidien de petite dimension est habituellement appropriée.

Une feuille de papier journal placée au fond du contenant de récupération de cuisine facilite le transfert des résidus au composteur.

Le stockage et la préparation des coquilles d'œufs

À l'aide d'un presse-purée, les coquilles d'œufs sont écrasées pour laisser plus de place dans le contenant.

Les coquilles d'œufs sont très intéressantes à récupérer non seulement pour le compostage, mais pour plusieurs utilisations au jardin comme on l'a vu dans le chapitre précédent. Dans tous les cas, les coquilles d'œufs ont avantage à être broyées. D'ailleurs, si vous mettez les coquilles d'œufs non broyées au composteur, vous les retrouverez à peu près intactes l'année suivante. Pour faciliter le broyage des coquilles d'œufs, elles doivent d'abord avoir été séchées. Ainsi, il est préférable de ne pas stocker les coquilles d'œufs avec l'ensemble des résidus de cuisine qui sont habituellement très humides, mais plutôt de les entreposer dans un autre contenant. Pour ce, vous pourrez utiliser un contenant en plastique ou en métal ou un pot en verre sans couvercle et placer ce dernier dans une armoire ou sur le comptoir. Ainsi, les coquilles d'œufs sécheront à l'air libre et vous pourrez les écraser périodiquement à l'aide d'un presse-purée pour laisser plus de place dans votre contenant. Lorsque votre contenant sera rempli, vous aurez le loisir de broyer les coquilles d'œufs, selon l'une ou l'autre des méthodes indiquées dans l'encadré de la page suivante.

Le stockage et la préparation des matériaux bruns

Les matériaux bruns (feuilles, branches, paille, etc.) peuvent être stockés pendant plusieurs mois pour utilisation ultérieure. C'est ce qu'on appelle le précompostage. Cette technique doit être réservée aux matériaux bruns, car il n'est pas possible de cumuler des matériaux verts sans risquer de se retrouver avec des problèmes d'odeur (excepté durant l'hiver, comme nous le verrons plus loin).

Parmi tous les matériaux bruns utiles pour le compostage domestique, les feuilles mortes constituent les plus abondants d'entre eux… en automne. Il est donc primordial de se faire des réserves à ce moment. Cela ne signifie pas nécessairement que vous deviez conserver la trentaine de sacs que vous ramassez peut-être, car vous aurez sans doute de la difficulté à gérer toutes ces feuilles. D'ailleurs, si vous ramassez autant de sacs, consultez la section qui traite des feuilles mortes dans le

LE BROYAGE DES COQUILLES D'ŒUFS

Pour broyer les coquilles d'œufs grossièrement (si le but est de s'en servir comme barrière pour protéger les plantes des limaces) ou moyennement pour les utiliser dans le compost, vous pourrez procéder selon l'une ou l'autre de ces façons :

- ajoutez une pierre dans votre contenant, refermez celui-ci et brassez le tout jusqu'à la texture désirée ;
- placez les coquilles d'œufs séchées dans un grand sac de plastique épais et à l'aide d'un rouleau à pâte, écrasez-les progressivement jusqu'à la texture désirée.

Pour broyer très finement les coquilles d'œufs, pour utilisation dans le lombricompostage ou comme amendement calcaire de sol, vous pourrez utiliser votre mélangeur culinaire (*blender*). Si vous pouvez l'adapter (c'est le cas de plusieurs mélangeurs), utilisez un pot de verre de type « Mason » de 700 ml à la place du contenant de verre de votre mélangeur. Placez les coquilles d'œufs séchées dans le pot (1). Vissez la partie du mélangeur qui comprend le couteau sur le pot (2). Enfin, déposez le tout sur le bloc-moteur (3), puis broyez les coquilles d'œufs jusqu'à ce qu'elles soient fines comme du sable (4 et 5).

Si vous avez peu de feuilles, n'hésitez pas à « voler » les sacs de feuilles de vos voisins.

chapitre précédent. Vous constaterez qu'il existe plusieurs stratégies pour valoriser les feuilles mortes à l'automne. Pour une première année, conservez deux à trois sacs de feuilles pour votre compost. Les années ultérieures, vous pourrez sans doute augmenter progressivement cette quantité. Si vous avez peu ou pas de feuilles sur votre terrain, n'hésitez surtout pas à «voler» des sacs de feuilles que votre voisin aura mis au chemin. Choisissez de préférence les sacs transparents. Vous pourrez ainsi vous assurer qu'ils ne contiennent pas de matières indésirables ou des feuilles qui se décomposent plus difficilement telles que les feuilles de chênes et de noyers. Enfin, pour l'avenir de votre compost et pour l'environnement, pensez à planter des arbres sur votre terrain.

Si vous cumulez vos feuilles dans des sacs alors qu'elles sont sèches, vous avez avantage à les entreposer de manière à ce qu'elles demeurent sèches autant que possible. Ainsi, vous pourrez les utiliser quand bon vous semblera, car le processus de décomposition ne sera pas amorcé. Si vous en avez la possibilité, entreposez vos sacs dans le cabanon, sous le patio ou à tout autre endroit où ils seront le plus possible à l'abri de la neige et de la pluie. De cette façon, si vous le désirez, vous pourrez les broyer avant de les utiliser.

Si vous avez plusieurs composteurs, vous pouvez aussi en réserver un pour le stockage des feuilles. Vous pourrez aussi, si vous avez un endroit discret, stocker d'importantes quantités de feuilles en les cumulant à l'intérieur d'un enclos fait de grillage ou de clôture à neige. Dans les deux cas, si vous désirez limiter l'espace, vous pourrez broyer précédemment les feuilles.

On peut stocker d'importantes quantités de feuilles dans un enclos constitué de grillage ou de clôture à neige.

Les matériaux bruns sont par définition des matériaux riches en carbone dont la décomposition est plus lente que les matériaux verts (riches en azote). De plus, les matériaux bruns sont souvent coriaces. Pour ces raisons, certains matériaux bruns ont avantage à être préparés, c'est-à-dire broyés, déchiquetés, écrasés ou coupés de toutes les façons possibles afin que les organismes décomposeurs puissent les atteindre plus facilement. Bien que les feuilles de petites dimensions se décomposent assez bien, les plus grosses feuilles ont tendance à se coller les unes sur les autres en formant des «galettes», ce qui les rend difficilement atteignables par les organismes décomposeurs. C'est pourquoi le déchiquetage de ces dernières est un avantage indéniable.

Il est avantageux de déchiqueter les feuilles de grandes dimensions.

Pour déchiqueter les feuilles, il n'est pas nécessaire de se munir d'une déchiqueteuse sophistiquée. En fait, votre tondeuse fait merveilleusement bien le travail, principalement si elle est déchiqueteuse. Pour ce faire, installez (exceptionnellement) le sac sur votre tondeuse et déchiquetez progressivement les feuilles en les recueillant dans le sac. Si vous n'avez pas de sac de tondeuse, vous aurez avantage à déchiqueter vos feuilles sur une surface dure. Vous pourrez ainsi les ramasser par la suite, ce qui s'avère presque impossible lorsque l'opération est effectuée sur la pelouse. Si vous n'avez pas la possibilité d'utiliser une tondeuse (si vous n'en avez pas ou si votre tondeuse est manuelle) pour déchiqueter vos grosses feuilles, vous pourrez utiliser un taille-bordures électrique (le fouet) ou un aspirateur à feuilles. Dans le cas du taille-bordures, il s'agira de placer d'abord les feuilles dans une poubelle puis de les broyer progressivement. Mais soyez patient, car l'opération est assez fastidieuse. Quant à l'aspirateur à feuilles qui les broie en les aspirant, il a le désavantage d'être plutôt bruyant. Cependant, le résultat est intéressant.

D'autres matériaux bruns doivent presque obligatoirement être coupés, broyés ou déchiquetés. C'est le cas des branches dont le diamètre est de 1 cm et plus. Si vous n'avez que des petites quantités de branches ou encore de la main-d'œuvre à volonté, plusieurs de vos outils de jardin pourront très bien faire l'affaire. Alors, sortez sécateurs, cisailles, coupe-bordures et tout autre outil et défoulez-vous ! Mais si vous cumulez d'importantes quantités de branches, l'utilisation d'une déchiqueteuse à branches peut s'avérer utile. Cependant, avant de vous précipiter chez le marchand pour acheter un tel équipement, prenez le temps d'évaluer la quantité et la grosseur moyenne des branches que vous avez l'habitude de recueillir. Le coût d'achat de tels appareils peut varier de 200 $ à plusieurs milliers de dollars et cet écart est directement en lien avec la capacité des appareils à déchiqueter des branches de plus en plus grosses. Si vous décidez d'investir dans une déchiqueteuse, assurez-vous de choisir un appareil qui répond réellement à vos besoins. Même la déchiqueteuse la moins chère peut s'avérer être un achat insensé et nuisible pour l'environnement si celle-ci ne sert qu'une seule fois par année et si elle se brise après quelques mois. Dans plusieurs cas, il peut être plus sage de louer une déchiqueteuse qui sera souvent plus performante. Pour ce, informez-vous auprès des entreprises de location d'outillages de votre région. Et dans tous les cas, utilisez ces appareils avec

La tondeuse-déchiqueteuse est l'instrument par excellence pour déchiqueter les feuilles.

Déchiqueteuse de grande dimension.

Divers outils peuvent être utiles pour couper les résidus ligneux.

Mini-déchiqueteuse électrique.

Déchiqueteuse de format moyen.

prudence en ayant soin par exemple de porter des lunettes de protection et des protège-ouïe.

De moindre importance en quantité, les cônes des conifères et les écales de noix et d'arachides ont également avantage à être broyés. À cet effet, vous pourrez par exemple étendre ceux-ci sur une surface dure et les frapper à l'aide d'une pierre ou d'un maillet.

Pour faciliter leur décomposition, les écales d'arachides et de noix peuvent être écrasées à l'aide d'une pierre.

Les systèmes de compostage

Le système de compostage est habituellement constitué d'un composteur ou d'un tas. Si vous optez pour un composteur (que certains appellent compostière, bac à compost ou silo à compost), vous aurez à choisir entre un composteur commercial ou un composteur artisanal. Celui-ci pourra être de capacité et de conception variables. Il n'y a pas de système qui soit idéal pour tous, mais il y en a un qui convient le mieux à vos propres besoins. Pour vous aider à choisir, plusieurs critères sont à considérer, en commençant par le volume de matières organiques que vous prévoyez composter, qui est directement en lien avec :

- *la grosseur de la famille*. Évidemment, plus la famille est grande, plus la quantité de résidus de cuisine sera considérable. La bonne nouvelle, c'est que vous aurez aussi plus de main-d'œuvre pour participer aux travaux de compostage ;
- *la grandeur du terrain*. Est-ce que votre terrain se limite à une dimension de style « mouchoir de poche » ou avez-vous plutôt un « terrain de football » ? Évidemment, plus votre terrain est grand, plus la quantité de matières organiques provenant des activités d'entretien sera volumineuse.
- *le jardinage qui est votre loisir préféré*. Dans ce cas, vos activités entraîneront une végétation abondante (annuelles, vivaces, plantes légumières, arbres, arbustes, etc.), donc une énorme masse de matières organiques compostables.

Ensuite, vous devrez choisir parmi l'une des options suivantes : un composteur commercial, un composteur artisanal ou un tas. L'un ou l'autre comporte des avantages et des inconvénients (voir tableau 4). Mais peu importe le système que vous choisirez, l'important c'est de faire du compost.

TABLEAU 4

COMPARAISON DES DIFFÉRENTS SYSTÈMES DE COMPOSTAGE DOMESTIQUE

TYPE DE SYSTÈME	AVANTAGES	INCONVÉNIENTS
Composteur commercial	• Aspect pratique : transport et montage facilités	• Coûts et disponibilités variables • Capacité réduite la plupart du temps
Composteur artisanal	• Coût abordable • Dimension adaptée en fonction des besoins • Si usage de matériaux de construction destinés à la poubelle : avantage pour l'environnement	• Le temps consacré à la fabrication
Tas ou andain (tas allongé)	• Aucune limite dans le volume des matières à composter	• Aspect esthétique discutable en zone urbaine

Que vous optiez pour un composteur commercial ou artisanal ou encore pour le tas, dans tous les cas vous aurez avantage à ce que votre compost soit recouvert, c'est-à-dire muni d'un couvercle dans le cas d'un composteur ou d'une toile géotextile dans le cas d'un tas (voir l'encadré à la page suivante).

Enfin, si vous demeurez en zone urbaine, vous devriez opter pour un composteur de préférence à un tas. Parmi les différents modèles de composteurs, certains sont conçus en plastique alors que d'autres sont en bois. Pour vous aider à faire un choix éclairé, voici les différentes caractéristiques de l'un et de l'autre.

Les composteurs en plastique

Les composteurs en plastique ont l'avantage d'être légers. Ils se transportent donc aisément et se montent en quelques minutes. De plus, ces composteurs sont facilement disponibles sur le marché. Enfin, puisqu'ils résistent à la décomposition, ils pourront être utilisés durant plusieurs années (si le plastique est de bonne qualité). Mais cette dernière caractéristique, qui est considérée comme un avantage pour certains, sera plutôt vue comme un inconvénient pour d'autres qui sont préoccupés par l'environnement. En effet, il faut savoir que le plastique prend des milliers

CINQ BONNES RAISONS POUR COUVRIR VOTRE COMPOST

Il vaut mieux éviter de laisser le compost à découvert.

1. **Pour contrôler la perte d'humidité.** En période chaude et sèche, un compost qui n'est pas couvert perd rapidement son humidité. Lorsque l'humidité n'est pas suffisante, les organismes responsables de la décomposition meurent.
2. **Pour contrôler les excès d'humidité.** Lorsqu'il pleut abondamment, le compost se gorge d'eau. Les espaces d'air sont ainsi réduits et les organismes décomposeurs en souffrent. De plus, l'excès d'eau qui est dirigée vers le sol (le lessivage) entraîne la perte des éléments minéraux et cause ainsi de la pollution (à titre d'exemple, pensons à la problématique du purin de porc sur les terres agricoles).
3. **Pour minimiser l'envahissement des plantes adventices.** Le compost qui est à découvert est un milieu idéal pour la germination des graines. Ainsi, lorsque les graines de plantes adventices sont déplacées par le vent, elles auront tout le loisir de s'installer, puis de germer dans le compost.
4. **Pour minimiser la ponte de certains insectes indésirables.** Certains insectes ravageurs des jardins trouveront dans le compost laissé à découvert le milieu idéal pour y déposer leurs œufs. C'est le cas des noctuelles et des hannetons, qui sont d'importants ravageurs des jardins au stade larvaire (les vers gris et les vers blancs).
5. **Pour conserver la température du compost.** Dans certaines conditions, la température du compost peut augmenter légèrement ou significativement (voir chapitre 4 *Le compostage intermédiaire*), favorisant ainsi une décomposition rapide. Le fait de conserver le compost couvert contribuera à conserver cette chaleur.

d'années avant de se décomposer. De plus, le plastique est fabriqué à partir du pétrole, une ressource non renouvelable. Finalement, parce que les composteurs de plastique sont la plupart du temps noirs, ils sont difficiles à camoufler dans un environnement naturel. Et, en cas de bris, les composteurs de plastique se réparent difficilement.

Les composteurs en bois

Les composteurs de bois s'intègrent aisément dans un environnement naturel. Parce qu'ils finissent par se décomposer (le bois, c'est de la matière organique), ils constituent un bon choix pour l'environnement, et ce choix sera d'autant plus intéressant si le bois utilisé est du bois de récupération. Évidemment, vous n'avez sans doute pas le goût (avec raison) de changer de composteur tous les trois ans. Voici donc quelques trucs pour prolonger la durée de vie de votre composteur de bois :

- Optez pour un composteur fabriqué avec une essence de bois qui est reconnue pour sa résistance à la décomposition tels le cèdre blanc de l'Est (*Thuya occidentalis*) ou le mélèze (*Larix laricina*), aussi surnommé l'épinette rouge (même si ce type de bois est plutôt rare sur le marché, certains organismes parviennent à en dénicher pour fabriquer des composteurs). Votre choix pourra se porter aussi sur le cèdre rouge de l'Ouest (*Thuya plicata*) puisque parmi tous les bois de construction vendus en quincaillerie, il s'agit souvent de la seule essence qui a une résistance naturelle à la décomposition. Mais il faut être conscient que ce bois a été transporté sur des milliers de kilomètres puisqu'il provient des régions côtières de la Colombie-Britannique. Enfin, vous pourrez opter pour un composteur fait de bois torréfié.
- Traitez l'intérieur et l'extérieur de votre composteur avec une huile naturelle telle que l'huile de lin bouillie (vendue telle quelle en quincaillerie) ou l'huile d'abrasin.
- Avant d'installer votre composteur, placez quatre briques (ou quatre pierres plates) à l'endroit où se retrouveront les coins du composteur. Creusez le sol et enfoncez les briques afin que la surface de celles-ci surplombe le sol de 1 cm. Si votre terrain est en pente, utilisez un niveau pour installer vos briques de façon que votre composteur soit bien droit. Ainsi, le contenu sera directement en contact avec le sol (ce qui est idéal, comme nous le verrons plus loin), mais le contenant reposera sur des matériaux imputrescibles.

Placez quatre briques à l'endroit où se retrouveront les coins de votre composteur de bois. Le composteur reposera sur les briques mais le compost sera directement en contact avec le sol

- Après la récolte de votre compost, laissez votre composteur vide et ouvert durant quelques jours pour en assécher l'intérieur avant de recommencer à l'emplir à nouveau.

Enfin, si après quelques années, les planches du bas sont détériorées, vous pourrez simplement les remplacer.

Un composteur c'est bien, mais deux c'est mieux !

Peu importe le modèle de composteur que vous choisirez, vous serez très vite devant l'évidence : un composteur c'est bien, mais deux c'est mieux. En effet, selon la vitesse à laquelle vous emplirez votre composteur, celui-ci sera plein d'ici quelques mois, mais votre compost ne sera sans doute pas prêt à être récolté pour autant. Si vous avez deux composteurs, vous aurez la possibilité de continuer à cumuler vos matières organiques fraîches dans un composteur pendant que se poursuivra la maturation dans l'autre. Cela facilitera grandement la gestion du compost. D'ailleurs, certains l'ont tellement bien compris qu'ils ont maintenant trois composteurs ou plus. L'intérêt d'un troisième composteur, c'est qu'il permet entre autres de garder des matériaux bruns en réserve.

Avec deux composteurs, il est possible d'accumuler la matière fraîche dans l'un pendant que se poursuit la maturation dans l'autre.

Les composteurs commerciaux réguliers

Les composteurs commerciaux sont habituellement vendus dans les quincailleries, les jardineries et les commerces de grande surface, mais ils sont parfois distribués par des organismes voués à l'environnement ou encore par certaines municipalités qui veulent encourager la pratique du compostage domestique. D'ailleurs, plusieurs municipalités ont compris l'importance d'implanter un programme de soutien au compostage domestique. À cet effet, ils distribuent des composteurs à prix réduits aux citoyens ou encore ils leur offrent un remboursement substantiel à l'achat d'un composteur. Informez-vous auprès de votre municipalité pour savoir s'il existe un tel programme et dans le cas contraire, n'hésitez pas à le suggérer fortement.

Les composteurs commerciaux en plastique sont la plupart du temps fabriqués par de grosses entreprises, alors que les composteurs de bois, souvent en plus petites quantités, proviennent plutôt d'organismes à but non lucratif.

1

2

3

4

5

1. Composteur *La Machine à terre*.
2. Composteur *Garden Gourmet*.
3. Composteur *Soil Saver*.
4. Composteur domestique du Groupe de Simplicité volontaire de Québec.
5. Compostière de jardin Les Bureaux d'Antoine

Le volume des composteurs qu'on trouve habituellement sur le marché peut varier de 6 à 35 pi^3 (0,15 à 1 m^3). Quant à leur prix, il varie de 40 $ à 250 $, mais cet écart n'est pas toujours en rapport avec la qualité et l'efficacité du composteur.

Les caractéristiques à rechercher à l'achat d'un composteur sont les suivantes :

- les parois latérales devraient être rigides et légèrement aérées ;
- il possède un couvercle relativement étanche à l'eau ;
- il ne comporte pas de fond. Idéalement, le contenu doit reposer sur le sol afin qu'il puisse entrer en contact avec les organismes décomposeurs (micro-organismes et vers de terre) ;
- il est muni d'une ouverture à l'avant pour faciliter la récolte.

Les autres systèmes de compostage commerciaux

D'autres systèmes de compostage sont également disponibles sur le marché. Certains sont totalement à éviter. C'est le cas des « sacs de compostage » et des composteurs de type digesteurs. Quant aux composteurs rotatifs, ils sont un « pensez-y bien ».

Les sacs de compostage

Certains « sacs de compostage » sont apparus sur le marché ces dernières années. Ceux-ci sont vendus en « kit » qui se limite parfois à des sacs de plastique perforés et quelques petits articles tels des activateurs et une paire de gants de latex, le tout vendu à gros prix. À la rigueur, vous pourriez faire la même chose avec des sacs à poubelle, mais cette méthode de compostage est loin d'être sans risque. En effet, dans ce système dont l'aspect esthétique est discutable, l'aération est souvent déficiente, le compost n'est pas en contact avec le sol et il est très difficile de mélanger le compost. Ces caractéristiques impliquent que la décomposition risque de se faire en l'absence d'air, avec les problèmes d'odeur que cela peut entraîner.

Les digesteurs domestiques

Les digesteurs domestiques ressemblent aux composteurs domestiques en plastique à la différence qu'ils ne comportent aucun système d'aération. D'ailleurs, le procédé favorisé par les digesteurs n'est pas à proprement parler du compostage, mais une fermentation anaérobie (putréfaction), appelée aussi méthanisation. Bien que cette méthode soit utilisée en compostage industriel, elle n'est pas recommandée pour le compostage domestique, car il est très difficile de contrôler les paramètres, entre

Les digesteurs ne sont pas recommandés.

autres le dégagement de gaz à effet de serre qu'est le méthane. Les petits digesteurs domestiques, qui étaient disponibles sur le marché il y a une dizaine d'années, sont fort heureusement de moins en moins commercialisés.

Les composteurs rotatifs… un pensez-y bien !

Si les composteurs rotatifs peuvent sembler attirants de prime abord, ils sont parfois décevants à l'usage. C'est le cas principalement des modèles des capacités réduites, qui varient de 6 à 9 pi^3 (0,15 à 0,25 m^3). Voici pourquoi :

- Le compost n'est pas en contact avec le sol, donc avec les organismes décomposeurs. Certains diront qu'en ajoutant de la terre, ils vont ajouter des micro-organismes et des vers de terre. Mais qu'adviendra-t-il de ces derniers qui ont l'habitude de retourner dans le sol une fois qu'ils ont terminé leur travail ?
- Ils sont souvent peu aérés, car autrement le compost pourrait en sortir lorsqu'une rotation est effectuée. Si ces composteurs ne sont pas retournés périodiquement (3 ou 4 retournements par semaine sont recommandés), il s'ensuivra un manque d'air dans le compost.
- La capacité est petite et, de plus, il ne faut pas les remplir à pleine capacité afin que le retournement se fasse adéquatement.

Composteur rotatif *Envirocycle*.

Composteur rotatif *Blue planet*.

- Dans certains modèles, l'eau de pluie pénètre allègrement, mais elle en sort difficilement. Le tout se retrouve tellement lourd qu'il devient presque impossible pour une personne de force moyenne de le retourner.
- Parce que l'ouverture est très petite, la récolte du compost mûr est ardue.
- Le coût se situe parfois autour de 200 $. Considérant que le volume est limité et qu'il est important d'avoir deux composteurs, il ne devient plus très « éconologique » de composter dans ce contexte.

Bien que ce type de composteur puisse être utile lorsqu'il n'est absolument pas possible de déposer un composteur directement sur le sol comme cela peut être le cas pour ceux qui ne disposent que d'une terrasse, dans tous les autres cas les composteurs « conventionnels » sont plus appropriés. D'autre part, des composteurs rotatifs de plus grosses capacités sont commercialisés sur Internet. Bien que la conception et le volume de ces derniers fassent qu'ils peuvent donner des résultats plus intéressants que les petits composteurs rotatifs, ils sont hors de prix (entre 500 $ et 600 $). De plus, la note de certains fabricants qui dit « Maintenir les enfants à distance » n'est pas vraiment rassurante. Alors, pensez-y bien avant de faire l'acquisition d'un composteur rotatif.

Les composteurs artisanaux

Si vous avez des talents de bricoleur, vous pourrez fabriquer votre propre composteur. Celui-ci pourra prendre différentes formes à partir d'une simple poubelle transformée (voir encadré) jusqu'à un modèle plus élaboré, tel que suggéré plus loin, en passant par un composteur de type « Boîte empilable » (voir encadré). Mais dans tous les cas, vous devriez éviter d'utiliser du bois traité chimiquement ou des barils de métal. Même si le « nouveau bois traité » ne comporte plus d'arsenic comme son prédécesseur qui est heureusement banni, on ne connaît pas encore les effets à long terme de ce bois sur l'environnement et sur notre santé. Il faut donc éviter ce type de bois pour fabriquer un composteur. On entretient la vie dans un composteur, on ne veut pas la détruire. Quant aux contenants de métal, ceux-ci risquent de rouiller et ainsi des métaux lourds pourraient contaminer le compost. De plus, étant donné que le métal est conducteur de chaleur, celui-ci pourra devenir très chaud au contact du soleil en été. Par conséquent, les organismes décomposeurs risquent de cuire littéralement.

Parmi les matériaux que vous pourrez utiliser pour fabriquer votre composteur, le bois est sans contredit le plus approprié. Comme nous l'avons vu dans la section précédente portant sur les composteurs en bois, vous pourrez opter pour différentes essences de bois. S'il est possible d'en trouver dans votre région, utilisez le cèdre blanc, habituellement

UN COMPOSTEUR FABRIQUÉ À PARTIR D'UNE POUBELLE DE PLASTIQUE

Puisque vous avez choisi de faire du compost et ainsi de diminuer de 40 % le volume de vos ordures, vous aurez peut-être une poubelle en chômage. Alors, pourquoi ne pas en profiter pour la transformer en un petit composteur pratique et de surcroît gratuit ?

À l'aide d'une perceuse, effectuez des trous d'un centimètre de diamètre, espacés de 10 à 15 cm, tout autour de la paroi de votre poubelle. Découpez et enlevez le fond. Si votre poubelle possède une forme conique, retournez-la et déposez le couvercle sur le fond percé. Voilà, le tour est joué. Votre poubelle est devenue un composteur.

vendu dans les scieries (voir les bonnes adresses), ou le cèdre rouge (plus coûteux, mais disponibilité plus grande dans les quincailleries), mais si votre budget est réduit, vous pourrez aussi utiliser de l'épinette ou du pin. Enfin, pour un composteur de bois vraiment «éconologique», utilisez tout bois de récupération (sans peintures, teintures ou préservatifs chimiques) tel que le bois des palettes de transport. À l'exception du cèdre qui aura une très bonne durée de vie, les autres bois auront avantage à être traités avec une huile naturelle comme décrit précédemment.

Un autre matériau peut également être utilisé pour la construction d'un composteur artisanal. Il s'agit du plastique recyclé. Bien que ce matériau soit plus résistant que le bois, il est moins perméable à l'air que ce dernier. De plus, le plastique recyclé est très onéreux.

LA BOÎTE EMPILABLE

La boîte empilable est un composteur composé de plusieurs sections de planches horizontales autonomes (6 à 8 planches selon leur largeur) empilées les unes sur les autres, mais espacées de 1/2 po (1,27 cm), le tout coiffé d'un couvercle. Contrairement aux composteurs réguliers, ce système ne comporte pas d'ouverture à l'avant. Lorsque vient le temps de retourner ou de récolter le compost, il s'agit d'enlever le couvercle et de transférer progressivement les sections de planches et le contenu du composteur à côté de l'endroit où se trouvait initialement le composteur. De cette façon, le composteur se déplace de gauche à droite ou de droite à gauche à chaque retournement.

Voici quelques consignes pratiques pour la fabrication d'un composteur en bois :

Le composteur double LM. Vous trouverez en annexe le plan détaillé pour sa construction.

- Une boîte sans fond constituée de un, de deux ou de trois compartiments dont les côtés et la largeur de chacun des compartiments pourront mesurer entre 2 pi (60 cm) et 3 pi (1 m).
- Les parois latérales seront formées de planches ayant une largeur de 2 à 6 po (5 à 16 cm) disposées latéralement et espacées de ¼ de po (0,6 cm) à ½ po (1,27 cm). Plus les planches seront larges, plus les espaces devront l'être également.
- Le couvercle devra présenter une légère pente vers l'avant. Les planches seront disposées dans le sens de la pente et accolées les unes aux autres afin d'empêcher autant que possible le passage de l'eau de pluie.
- Il faudra prévoir un système d'ouverture à l'avant pour permettre la récolte du compost. Cela pourra se traduire par des planches amovibles se superposant les unes sur les autres dans une glissière située de chaque côté du composteur. Le système pourra aussi consister en une section amovible constituée de plusieurs planches.

Le compostage en tas

Le compostage en tas ou en andain (tas allongé) est une méthode très pratique pour ceux qui ont d'importantes quantités de matériaux à composter. Elle sera particulièrement utile pour les jardiniers qui accumulent beaucoup de feuilles et d'autres résidus de jardin. Si vous désirez faire du compostage en tas en zone urbaine, assurez-vous que cette méthode soit autorisée par la réglementation de votre municipalité. De plus, vous devriez installer votre tas de compost à l'abri des regards des voisins, car certains pourraient ne pas apprécier. La méthode du tas peut parfois être utilisée en complémentarité avec un petit composteur placé à proximité de la maison.

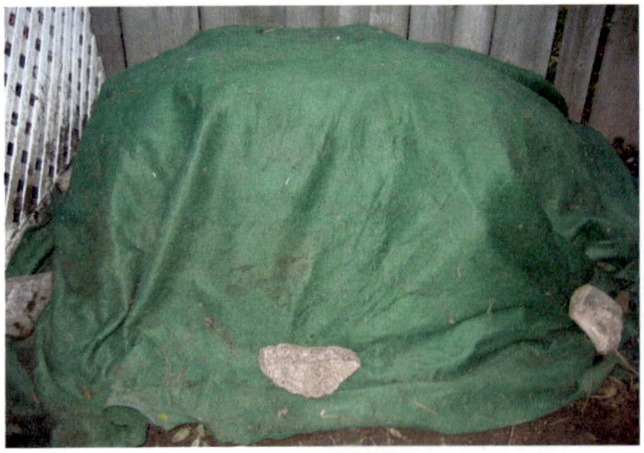
Le compostage en tas est très pratique lorsqu'on a d'importantes quantités de matériaux à composter.

La méthode de compostage en tas devrait respecter certaines règles :

- la hauteur du tas ou de l'andain ne devrait pas dépasser un mètre ;
- la largeur du tas ou de l'andain ne devrait pas dépasser 1,5 mètre, mais il est souvent plus pratique de la maintenir à un mètre pour faciliter les retournements ;
- le tas ou l'andain devrait être couvert d'une toile géotextile. Même si le compost a besoin d'air, il faut le protéger des aléas de la météo et de l'environnement comme on l'explique dans les encadrés aux pages 67 et 77.

Mis à part le fait qu'il est possible de composter des quantités de matières organiques presque illimitées avec le système de compostage en tas, cette méthode est aussi très pratique pour effectuer des retournements.

En fait, vous cumulez vos matériaux à un endroit et vous déplacez progressivement votre tas en faisant des retournements, c'est-à-dire en renversant votre tas vers la droite ou vers la gauche. De cette façon, votre andain pourra s'allonger indéfiniment puisque vous aurez la possibilité de cumuler des matériaux « frais » à une extrémité tout en récoltant progressivement le compost mûr à l'autre extrémité.

Il peut être intéressant de cultiver certaines plantes de la famille des cucurbitacées (concombres et courges) directement sur le tas de compost. Cette méthode est très avantageuse pour ces plantes qui apprécient beaucoup le compost même, et surtout, si celui-ci est encore très peu décomposé. Il faut toutefois savoir que cette façon de faire entraînera la perte d'éléments minéraux du compost. Pour ménager la chèvre et le chou, en fait la plante et le compost, placez de préférence vos plants de concombres et de courges d'hiver à la base de votre tas de compost et faites monter les tiges rampantes de ces plantes sur votre tas. De cette façon, vos cucurbitacées profiteront des bienfaits du compost et de l'exposition à la chaleur que leur offrira le tas, mais votre compost sera encore assez riche pour être appliqué par la suite sur d'autres cultures.

Le site de compostage

Le site de compostage, c'est l'endroit où vous installerez votre ou vos composteurs et, si vous le désirez, différents équipements utiles au compostage tels une brouette, un tamis, des seaux de plastique, etc.

LES DIFFÉRENTES OPTIONS POUR COUVRIR LE TAS DE COMPOST

Parmi les différentes options pour couvrir le tas de compost, la *toile géotextile* demeure le meilleur choix puisqu'elle laisse circuler l'air tout en limitant l'entrée de l'eau.

Il existe des toiles géotextiles spécialement conçues pour couvrir les tas de compost, mais celles-ci sont peu disponibles dans les jardineries et les quincailleries. Par contre, vous trouverez dans ces commerces différentes toiles géotextiles qui sont conçues à d'autres usages. Ces dernières, dont le tissu rappelle un feutre, sont habituellement vendues comme couvre-parterre, protection hivernale de la pelouse ou des arbustes. Elles peuvent souvent faire l'affaire, et ce, principalement si vous choisissez une toile relativement épaisse (évitez les couvre-parterres qui sont minces comme une feuille de papier). Les géotextiles se présentent en différentes couleurs qui peuvent varier du noir au blanc en passant par le vert ou le gris.

Une deuxième solution pour couvrir le tas de compost est un vieux tapis ou toutes autres toiles synthétiques recyclées. Mais il faudra éviter les toiles de plastique qui ne permettent pas la circulation de l'air.

En dernier recours, vous pourrez aussi vous servir de toiles de jute ou encore de paille, mais ces matériaux offrent moins de contrôle sur les aléas de la météo.

Différentes toiles géotextiles peuvent être utilisées pour couvrir le tas de compost.

Même s'il vous prenait le goût de montrer votre œuvre à tout le voisinage (dans le cas où vous aurez confectionné votre propre composteur), il ne serait évidemment pas approprié de placer votre site de compostage en façade de votre maison. D'ailleurs, la réglementation de votre municipalité pourrait vous l'interdire. Choisissez plutôt un coin discret dans votre cour arrière ou latérale. Le compostage a encore trop souvent mauvaise réputation auprès de la population en général et certains de vos voisins pourraient être tentés de se plaindre de votre installation sans raison valable. Pour faciliter la gestion du compostage, le secteur idéal devrait correspondre, autant que possible, à ces critères :

- *À proximité de la cuisine.* De cette façon, vous n'aurez pas à marcher trop loin pour vider votre contenant de récupération de cuisine.
- *À proximité du jardin.* Vous faciliterez ainsi le transport des matériaux, puisque vous en retirerez beaucoup de matières organiques et que le compost que vous produirez y retournera sans doute en partie.
- *À proximité d'un point d'eau.* Cela peut se traduire par la proximité d'une sortie d'eau courante, ou mieux encore, d'un baril de récupération de l'eau des gouttières qui minimisera l'utilisation de l'eau potable.
- *Un emplacement ensoleillé durant la moitié de la journée.* Si votre site de compostage est situé en plein soleil durant toute la journée, c'est loin d'être catastrophique, car la décomposition sera plus rapide. Cependant, comme nous le verrons plus loin, vous devrez être plus vigilant pour surveiller le degré d'humidité de votre compost. Si votre site est situé dans un coin très ombragé, vous devrez vous attendre à ce que la décomposition soit moins rapide. En choisissant un site à la fois ensoleillé et ombragé une partie de la journée, vous pourrez profiter des chauds rayons du soleil pour favoriser le compostage, mais vous serez bien heureux de pouvoir y travailler à l'ombre de temps à autre.
- *Un site où le sol est bien drainé.* Il est préférable d'éviter les endroits où l'eau s'accumule durant plusieurs jours après une pluie. Cela pourrait favoriser des conditions de décomposition anaérobie, donc des problèmes d'odeur.

Selon la façon dont certains terrains sont aménagés, il est parfois difficile d'isoler visuellement le site de compostage du reste de la cour. Si vous n'appréciez pas la vue d'un tel site, pensez à aménager un écran à l'avant. Celui-ci pourra être constitué d'un simple treillis (couvert de plantes grimpantes au besoin) ou d'un bosquet d'arbustes. Si vous avez suffisamment d'espace, vous pourrez aussi isoler totalement votre matériel de compostage (composteur, brouette, tamis, etc.) en aménageant un petit site consacré à vos activités de compostage.

Un petit site discret voué aux activités de compostage.

Avec le temps, vous constaterez que la pelouse tend à se détériorer autour de votre composteur (ou votre tas). Pour conserver votre site de compostage propre, pensez à appliquer une bande de paillis autour de votre composteur. Ce petit détail contribuera à rendre votre site plus attrayant et plus agréable pour y travailler.

Un simple treillis couvert ou non de plantes permet d'isoler visuellement le site de compostage du reste de la cour.

Si vous résidez dans un immeuble multifamilial, demandez la permission à votre propriétaire ou au conseil d'administration, dans le cas des immeubles en condominium ou des coopératives, afin d'installer votre composteur sur le terrain, si l'espace le permet. N'installez jamais de composteur sur le balcon. Certains l'ont déjà expérimenté et ils ont eu à assumer certains inconvénients. Par exemple, des liquides provenant de leur composteur se sont écoulés sur le balcon du locataire du dessous. Si vous ne pouvez pas faire du compostage domestique, pensez au lombricompostage (voir chapitre 5 *Le lombricompostage : des vers dans la maison*).

Les méthodes de compostage

Il existe plusieurs méthodes de compostage domestique mais elles résultent toutes plus ou moins des deux principales méthodes, soit « Le compostage en une opération » et « La méthode de l'accumulation graduelle ». Dans les deux cas, le principe est relativement simple. Il s'agit de mélanger des matériaux bruns et des matériaux verts et d'ajouter un peu de terre ou de compost. Vous connaissez bien maintenant quels sont les matériaux des deux catégories que vous pourrez composter. Quant à la terre ou au compost que vous ajouterez, ceux-ci serviront en quelque sorte à ensemencer vos matériaux avec des organismes décomposeurs. Si votre choix se porte sur la terre, n'allez surtout pas utiliser des terres ou des terreaux commerciaux puisque ces derniers contiennent la plupart du temps très peu de «vie». Optez plutôt pour la terre de votre jardin dans laquelle fourmillent des milliers d'organismes vivants. Pour ce qui est du compost que vous pouvez aussi utiliser, le meilleur demeure votre propre compost à demi mûr ou mûr. Si vous n'avez pas encore de compost, et qu'il vous est impossible de prendre la terre dans votre jardin, demandez-en un peu à un ami jardinier ou procurez-vous un sac de fumier composté pour amorcer votre première expérience de compostage.

Dans les deux techniques de compostage qui suivent, la recette de base est la même. Elle consiste à utiliser deux parties de matériaux bruns pour une partie de matériaux verts. La méthode de compostage en une opération est plus systématique, alors que la méthode de l'accumulation graduelle est la plus simple et la plus populaire. À noter que les deux méthodes peuvent être pratiquées ensemble ou successivement, principalement si vous avez au moins deux composteurs ou si vous compostez en tas.

La méthode de compostage en une opération

La méthode de compostage en une opération est une méthode qui implique qu'une certaine quantité de matériaux verts et de matériaux bruns soient disponibles au même moment. C'est donc une méthode qu'il n'est pas possible de pratiquer en tout temps de l'année, puisqu'il vaut mieux ne pas stocker des matériaux verts (sauf en hiver). Cette méthode est possible à deux moments dans l'année, soit au printemps si vous avez cumulé vos résidus de cuisine de l'hiver (la méthode sera expliquée plus loin) ou encore à l'automne alors que vous ferez le ménage de votre potager et de vos plates-bandes et que vous recueillerez d'importantes quantités de matériaux verts (plantes ornementales et plantes légumières annuelles). J'ai surnommé cette technique la méthode de type «lasagne» puisque la séquence habituelle de la recette «pâte/sauce/fromage» sera remplacée ici par «brun/vert/terre». Voici comment procéder:

- après avoir choisi l'endroit où vous installerez votre composteur ou votre tas, si vous en avez le temps et le goût, vous pourrez extirper la pelouse qui s'y retrouve. Cela aura pour but de faciliter le contact des matières à composter avec

Au printemps, les résidus de cuisine accumulés durant l'hiver, les feuilles et la terre sont prêts pour l'opération « lasagne ».

La « lasagne » d'automne.

le sol, donc avec les organismes décomposeurs. Le fait de ne pas effectuer cette opération entraîne peu de conséquences puisque de toute façon, la pelouse finira par se décomposer sous la masse de matières en décomposition ;

- une autre étape facultative consiste à mettre sur le sol une couche de matériaux bruns grossiers tels que des branches non déchiquetées. Bien que cette pratique recommandée par certains facilite les échanges d'air, elle deviendra très contraignante lorsque viendra le temps de mélanger le compost. Si vous choisissez cette pratique, optez plutôt pour des matériaux verts grossiers, tels que des plants de tomates ou des tiges de maïs. Ces derniers seront moins nuisibles à long terme ;

- c'est enfin ici que l'incontournable recette débute. Mettez une couche de 8 à 10 cm de matériaux bruns (1 et 2). *Évidemment, les quantités recommandées ne sont qu'à titre indicatif. N'allez surtout pas utiliser un outil de mesure...;*
- ajoutez 4 à 5 cm de matériaux verts (3 et 4);
- étendez une mince couche de terre ou de compost (5 et 6);
- arrosez cette première séquence des matériaux s'ils sont plutôt secs, ce qui peut être le cas lorsque vous ferez une «lasagne» d'automne (7). Au printemps, lorsque vous utiliserez les résidus de cuisine de l'hiver, vous réaliserez que le tout est déjà amplement humide;
- continuez à superposer des séquences «brun/vert/terre» en terminant par une couche de brun, et ce, jusqu'à ce que vous n'ayez plus de matériaux ou encore jusqu'à ce que votre composteur soit plein (8, 9 et 10);
- arrosez au besoin (11);
- fermez le couvercle de votre composteur ou couvrez votre tas (12). Vous pourrez maintenant passer à l'étape de l'entretien tel que décrit plus loin.

1

La méthode de compostage en une opération

2

3
4
5
6
7
8
9
10
11
12

La méthode de l'accumulation graduelle

La méthode de l'accumulation graduelle permet de composter les matières organiques au gré de leur disponibilité. Elle peut se pratiquer presque durant toute l'année et implique idéalement l'usage d'au moins un composteur. Il s'agit d'une méthode qui est moins systématique que la précédente, mais qui est souvent plus simple pour les débutants. Le ratio «brun/vert» des matériaux recommandés est le même que dans la méthode de compostage en une opération, soit deux parties de «bruns» pour une partie de «verts».

Après les étapes préparatoires (mais facultatives) expliquées dans la méthode précédente, vous devriez procéder comme suit :

- mettez une couche de matériaux bruns au fond de votre composteur. L'épaisseur de cette couche peut varier de 10 cm jusqu'à la moitié de la hauteur de votre composteur ;
- ajoutez les matériaux verts provenant de la cuisine (voir encadré) et du jardin au fur et à mesure de leur disponibilité ;
- ajoutez de temps à autre une pelletée de terre. Cet ajout sera particulièrement important si les matériaux utilisés sont constitués principalement de résidus de cuisine et de feuilles car ces derniers contiennent peu d'organismes décomposeurs. Par contre, si vous compostez beaucoup de résidus de jardin tels que des adventices avec leurs racines, l'ajout de terre ou de compost est moins essentiel ;
- ajoutez au besoin des matériaux bruns de façon à rééquilibrer la proportion «brun/vert».

L'entretien du compost ou comment offrir de bonnes conditions de travail à vos employés bénévoles ?

Que vous pratiquiez le compostage en une opération, la méthode de l'accumulation graduelle ou les deux méthodes simultanément, dans tous les cas vous pourrez compter sur l'aide de millions d'employés bénévoles : les organismes décomposeurs. Pour vous assurez que ceux-ci travaillent rapidement et efficacement, votre rôle sera d'être un patron bienveillant et de leur offrir des bonnes conditions de travail. En fait, elles sont en lien direct avec les besoins primaires des organismes décomposeurs et ces besoins sont identiques à la plupart des organismes vivants, dont nous les humains. Ce sont principalement de la nourriture, de l'eau et de l'air (en réalité de l'oxygène). Concernant la nourriture, vous avez déjà la situation en main, car vous avez offert à vos organismes décomposeurs l'aliment par excellence, la matière organique. Votre tâche se résumera maintenant à surveiller la disponibilité de l'eau et de l'air.

L'AJOUT DES RÉSIDUS DE CUISINE DANS LE COMPOSTEUR

Lorsque vous ajoutez des résidus de cuisine dans le composteur, prenez le temps de faire un trou dans la masse de compost afin d'y enfouir vos résidus ou encore de les recouvrir de matériaux bruns ou de terre.

Cette simple précaution contribuera à conserver dans votre compost l'azote contenu dans vos résidus de cuisine qui autrement risquerait de se volatiliser. De plus, vous minimiserez la présence des petites mouches à fruits qui sont légion dans le compost en fin d'été.

La disponibilité de l'eau

Les organismes décomposeurs ont absolument besoin d'eau pour survivre et se reproduire. Mais la quantité d'eau du compost ne doit pas être trop importante, car ainsi elle prendrait la place de l'air qui est tout aussi primordiale. À vrai dire, idéalement le compost devrait toujours être légèrement humide sans être détrempé. Pour illustrer cela, imaginez une éponge qui a été humidifiée puis essorée. Lorsqu'on y touche, on peut sentir l'humidité avec nos doigts, mais il n'y a pas d'eau qui s'en échappe. Voici les facteurs qui peuvent faire varier la disponibilité de l'eau dans le compost :

- *le degré d'humidité des matériaux compostés.* Les matériaux verts sont en général plus humides que les matériaux bruns. De plus, parmi les matériaux verts, ceux qui proviennent de la cuisine sont généralement plus humides que les résidus de jardin ;
- *la situation du composteur ou du tas.* Dans un secteur très venteux et très ensoleillé, le compost perdra plus rapidement son humidité ;
- *les conditions météorologiques.* Des températures chaudes et sèches contribueront à l'évaporation de l'eau du compost.

Vous comprendrez maintenant qu'il ne peut y avoir de fréquence d'arrosage suggérée. Par contre, en alimentant régulièrement votre compost, vous serez en mesure d'évaluer approximativement s'il a besoin d'eau. Au début, vous devrez peut-être toucher votre compost pour sentir avec vos doigts s'il est humide ou non. Mais avec l'expérience, vous en viendrez à reconnaître à l'œil si votre compost a besoin d'eau. Si c'est le cas, différentes options seront possibles. Elles sont présentées ici par ordre de préférence afin de minimiser l'utilisation de l'eau potable :

Pensez à récupérer l'eau des gouttières pour arroser votre compost.

En dernier recours, utilisez l'eau potable pour arroser votre compost.

- Profitez d'une journée pluvieuse et ouvrez le couvercle de votre composteur ou enlevez le géotextile sur votre tas. Une fois votre compost bien humidifié, n'oubliez pas de remettre le tout en place.
- Si vous avez pris soin d'installer un baril de récupération pour recueillir l'eau de pluie qui provient de vos gouttières, vous pourrez utiliser cette eau.
- En dernier recours, arrosez votre compost avec de l'eau potable.

La disponibilité de l'air

Vous n'imagineriez pas vivre dans une maison où le toit s'affaisserait progressivement, vous laissant ainsi de moins en moins d'air pour respirer. Pourtant, c'est un peu ce qui se passe pour vos petits employés bénévoles si vous les laissez à eux-mêmes dans le compost. En fait, les matières organiques que vous avez cumulées répondent aux lois de la gravité ; elles ont donc tendance à se compacter progressivement, laissant toujours moins de place pour l'air. Pour remédier à la situation, vous pourrez adopter l'une ou l'autre de ces pratiques (ou les deux), soit le brassage et le retournement :

- Le brassage peut s'effectuer à l'aide de différents outils de jardin telles une griffe à dents ou une fourche à bêcher, mais il existe sur le marché différents outils d'aération spécialement conçus pour le brassage du compost (voir encadré). Ces derniers sont particulièrement utiles lorsque le compostage s'effectue dans un composteur de petite capacité, soit plus ou moins 10 pi^3 (0,3 m^3). Pour activer la décomposition, l'idéal est de brasser votre compost aux deux semaines. Si vous n'avez pas le temps de respecter cette fréquence, ne vous empêchez pas de dormir pour autant. D'ailleurs, si vous en doutiez, sachez que vous pourrez continuer à prendre des vacances même si vous faites du compost. L'important, c'est d'abord et avant tout de faire du compost et non d'entrer en compétition avec votre voisin.
- Le retournement est également une pratique très intéressante pour intégrer de l'air dans le compost. De plus, le retournement offre l'avantage d'inverser les couches de compost dont les stades de décomposition varient du « peu décomposé » sur le dessus au « très décomposé » vers le fond du composteur, et ce, principalement si vous n'effectuez pas des brassages régulièrement. Pour effectuer le retournement, l'idéal est de posséder deux composteurs ou encore de composter en tas. Dans les deux cas, l'outil pratique est la fourche à bêcher. Dans le cas du compostage en tas, il s'agit simplement de déplacer le tas en transférant progressivement les matériaux de gauche à droite ou inversement.

LES OUTILS D'AÉRATION

Il existe sur le marché différents outils d'aération. Certains sont très utiles alors que d'autres sont de réels « gadgets ».

Les outils d'aération les plus performants sont ceux qui comportent une longue tige au bout de laquelle on retrouve des ailettes. Le principe de tels outils est que les ailettes se collent le long de la tige lorsqu'on enfonce celle-ci dans le compost, mais elles s'ouvrent lorsqu'on en ressort l'outil. D'une part, le compost le plus mûr est ramené à la surface et du même coup la matière est allégée. Il existe différentes versions de ce type d'outil. Certains possèdent une paire d'ailettes, d'autres deux. De plus, la longueur des ailettes est variable. Évidemment, plus il y a d'ailettes et plus celles-ci sont longues, plus le brassage est efficace, mais encore faut-il avoir la capacité physique de manipuler de tels outils. Alors, prenez le temps d'évaluer votre force avant de faire l'acquisition d'un outil semblable, car peut-être sera-t-il préférable de sacrifier un peu d'efficacité si au moins vous avez la capacité de vous en servir. Ces outils sont habituellement vendus entre 12 $ et 25 $.

1. Les ailettes se collent le long de la tige lorsqu'on les enfonce.
2. Aérateurs à ailettes variés.
3. Aérateur de type flèche.
4. Aérateur de type vrille pour perceuse.

Il existe deux autres outils d'aération de compost beaucoup moins intéressants. L'un d'eux est constitué d'une tige de métal perforée terminée par ce qui pourrait ressembler à une pointe de flèche. Malgré de gros efforts, cet outil traverse difficilement la matière organique fraîche. Du fait que la tige est perforée, on pourrait être tenté de laisser l'outil en permanence dans le compost, mais celui-ci se remplit d'eau et de plus, il risque de rouiller. Il est donc sans intérêt.

On retrouve aussi sur le marché une rallonge de type vrille à installer sur la perceuse. Ce système s'avère très difficile à utiliser lorsque les matériaux sont jeunes, car ces derniers s'enroulent sur la vrille et bloquent littéralement le mécanisme de la perceuse. De plus, cela requiert une source d'énergie (électricité ou piles) qui n'est pas vraiment justifiée dans le cas du compostage domestique. C'est donc un outil à éviter lui aussi.

1. Le composteur de gauche est vide alors que celui de droite est plein. 2. Ouvrez l'accès de l'avant pour faciliter le transfert. 3. Transvidez le contenu du composteur de droite dans celui de gauche. 4. Le composteur de gauche est maintenant plein alors que celui de droite est vide. 5. Recommencez à cumuler des matériaux dans le composteur de droite en mettant une bonne couche de matériaux bruns. 6. Continuez l'ajout des matériaux divers dans le composteur de droite.

- Tel que démontré dans les photos du haut, le retournement sera grandement facilité si vous possédez deux composteurs placés côte à côte. Celui de droite est rempli à capacité et celui de gauche est vide. Il s'agit de transférer le contenu de celui de droite dans celui de gauche. De cette façon, les matériaux qui étaient peu décomposés en surface du composteur de droite se retrouveront au fond du composteur de gauche et vice-versa pour les matériaux les plus décomposés. À l'inverse du début, le composteur de droite est maintenant vide et celui de gauche est plein. L'accumulation des matériaux débutera à nouveau dans le composteur de droite pendant qu'on se limitera à surveiller les paramètres (humidité, aération) dans le composteur de gauche sans ajouter de nouveaux matériaux. Avec cette façon de procéder, le compost mûr sera toujours extrait du composteur de gauche alors que les matériaux «frais» seront toujours ajoutés dans le composteur de droite. La fréquence des retournements peut varier d'une à trois fois durant la saison. Elle sera réglée en fonction du temps que votre compost prendra pour mûrir puisque le retournement suppose idéalement que vous ayez un composteur vide.

- La méthode de retournement peut aussi être utilisée même si vous n'avez qu'un seul composteur, principalement s'il s'agit d'un petit contenant qu'il est possible de soulever facilement comme c'est le cas pour les modèles de plastique de forme conique. Vous soulevez alors le composteur et vous faites face à son contenu. Vous déplacez le composteur d'un côté ou de l'autre du tas que vous replacez dans le composteur.

Les accélérateurs à compost utiles ou… futiles!

Les accélérateurs à compost du commerce sont habituellement constitués d'engrais à forte teneur en azote ou d'inoculants tels que des bactéries déshydratées. Bien que ces produits puissent être utiles dans certains cas (par exemple si vous compostez d'importantes quantités de feuilles), ils sont souvent onéreux. Heureusement, vous pourrez les remplacer par des ingrédients que vous avez sous la main ou encore par d'autres produits commerciaux moins coûteux.

Les accélérateurs commerciaux ne sont pas indispensables.

Tous les matériaux qui ont une forte teneur en azote peuvent faire office d'accélérateur à compost. C'est le cas des rognures de gazon (voir les recommandations concernant le compostage des rognures de gazon dans le chapitre 2 *Les matériaux à composter*) et de plusieurs plantes telles que la fougère, le pissenlit, l'ortie et la consoude que vous pourrez utiliser telles quelles ou en les faisant macérer préalablement dans l'eau durant quelques jours.

Plusieurs engrais naturels peuvent remplacer les accélérateurs à compost.

Quant à l'apport d'inoculants, il sera réalisé par l'ajout d'une pelletée de bonne terre de jardin ou de vieux compost ou encore d'un «thé de compost» fait avec ce dernier (voir chapitre 8). Vous apporterez ainsi à votre compost nombre d'organismes décomposeurs.

La fougère et le pissenlit peuvent servir d'accélérateurs à compost.

Si vous n'avez pas la possibilité de prélever de la terre dans votre jardin et que vous n'avez pas encore de compost mûr, à la rigueur vous pourrez commencer votre expérience de compostage en vous procurant un sac de fumier composté.

Enfin, tous les engrais naturels riches en azote (algues, farine de crevettes, fumiers déshydratés, etc.) peuvent remplacer les accélérateurs à compost et souvent à moindre coût.

Le compostage en hiver

Durant l'hiver, le composteur est parfois difficilement accessible.

Ça y est, vous avez enfin intégré la récupération des résidus de cuisine dans votre routine et celle des membres de votre famille, mais voici que l'hiver arrive et vous vous demandez quelle attitude adopter. Évidemment, il serait vraiment dommage de perdre une si bonne habitude, mais avec l'accumulation de neige, il se peut que votre composteur soit difficilement accessible. De plus, si vous utilisez un contenant de plastique, vous risquez de casser son couvercle en tentant de le manipuler alors qu'il est pris dans la glace. Avec l'arrivée du froid, il faut être conscient que les organismes responsables de la décomposition (vos employés bénévoles) entreprennent en quelque sorte une période de chômage. En réalité, ils sont très peu actifs, ce qui signifie que les matériaux que vous pourriez ajouter dans votre composteur n'entreprendront leur processus de décomposition qu'avec l'arrivée du printemps. Si vous désirez continuer à alimenter votre

Durant l'hiver, une bonne technique consiste à entreposer les résidus de cuisine dans des seaux de plastique placés à l'extérieur.

composteur avec vos résidus de cuisine durant tout l'hiver, vous devriez prendre l'habitude d'ajouter également des matériaux bruns de temps à autre. Pour ce faire, vous pourrez utiliser des feuilles si elles sont accessibles ou encore des copeaux de bois vendus comme litière dans les animaleries. Autrement, vous risquez de faire face à différents problèmes d'odeur occasionnés par cette importante masse de matière « verte » lorsque viendra le printemps ou s'il survient un dégel durant l'hiver. De plus, la grande quantité d'eau de cette masse risque d'être entraînée vers le sol avec les éléments minéraux si elle n'est pas retenue par des matériaux bruns.

La méthode que je préfère utiliser durant l'hiver consiste à entreposer les résidus provenant de la cuisine dans des seaux de plastique de 20 litres placés à l'extérieur près de la porte arrière ou encore dans un cabanon ou un garage non chauffé. Pour éviter le gaspillage des ressources, vous pourrez récupérer de tels seaux auprès des institutions qui y entreposent des détersifs ou des denrées alimentaires. Ces seaux sont aussi vendus pour quelques dollars dans certains commerces de grande surface. Pour vous assurer d'avoir suffisamment de capacité de stockage pour tout l'hiver (voir encadré), prévoyez au moins deux seaux pour chacun des membres de la famille. Entreposés à l'extérieur de cette façon, vos résidus vont demeurer pratiquement congelés tout l'hiver, surtout si vous prenez soin de stocker vos seaux dans un endroit ombragé. Le printemps venu, aussitôt que vous observerez un début de décongélation (entre le début et la fin d'avril selon les endroits), vous pourrez procéder à la méthode de compostage en une opération. Parce que ces matériaux auront gelé, ils seront plus facilement attaqués par les micro-organismes et se décomposeront rapidement.

POUR STOCKER DAVANTAGE DE RÉSIDUS DE CUISINE DANS LES SEAUX DURANT L'HIVER

Lorsqu'un de vos seaux de récupération est rempli à capacité, entrez-le à l'intérieur durant quelques heures. Sous l'effet de la chaleur, les matériaux dégèleront puis se compacteront davantage. De cette façon, vous libérerez environ le tiers de l'espace de votre seau que vous pourrez ainsi continuer de remplir.

Les problèmes et les solutions

Malgré tout votre bon vouloir, il n'est pas exclu que des problèmes surviennent lors de vos activités de compostage. Les problèmes sont la plupart du temps le résultat d'un manque d'expérience. Ils peuvent être réglés facilement par l'adoption de bonnes pratiques ou encore par des interventions simples. Dans la présente section, vous trouverez les principaux problèmes qui peuvent survenir, leur cause et enfin les solutions.

Les matériaux ne semblent pas se décomposer ou se décomposent très lentement

CAUSES POSSIBLES	SOLUTIONS
La proportion de matériaux bruns est trop importante par rapport aux matériaux verts	• Si disponibles, ajoutez des matériaux verts pour tendre vers la proportion brun/vert = 2/1 • Sinon, ajoutez un accélérateur constitué principalement d'azote ou encore un engrais naturel azoté (fumier de poulet déshydraté, algues, etc.)
Il y a peu d'organismes décomposeurs (les résidus de cuisine et les feuilles en contiennent peu)	• Ajoutez une pelletée de terre de votre jardin, de vieux compost ou de fumier composté • Sinon, ajoutez un accélérateur à compost qui contient des bactéries déshydratées
Le compost est trop sec	• Humidifiez votre compost

Ça sent mauvais !

CAUSES POSSIBLES	SOLUTIONS
Quantité disproportionnée de résidus de cuisine	• Si disponibles, ajoutez des matériaux bruns pour tendre vers la proportion brun/vert = 2/1 • Sinon, ajoutez une pelletée de terre ou de vieux compost. Attention de ne pas trop ajouter de terre cependant, car celle-ci aura pour effet d'alourdir le compost.
Trop de rognures de gazon fraîches (odeur d'ammoniac)	• Évitez les rognures de gazon • Voir le chapitre 2 traitant des solutions pour composter les rognures de gazon chez soi, sans problème d'odeur.

CAUSES POSSIBLES	SOLUTIONS
Manque d'aération (odeur d'œufs pourris)	• Brassez ou retournez le compost • Si le compost est trop humide, ouvrez le couvercle par temps sec et dans les cas extrêmes, videz le contenu à l'extérieur du composteur pour le faire sécher
Présence de matériaux non recommandés	• Évitez les matériaux non recommandés pour le compostage domestique tels que viande, poisson, produits laitiers (voir chapitre 2 *Les matériaux compostables*)

On soupçonne la présence de petits mammifères (ratons-laveurs, moufettes, rats)

CAUSES POSSIBLES	SOLUTIONS
Présence de matériaux non recommandés	• Évitez les matériaux non recommandés pour le compostage domestique tels que viande, poisson, produits laitiers (voir chapitre 2 *Les matériaux compostables*)
Habitat favorable (près d'une forêt ou d'un cours d'eau, système d'égout détérioré)	• Évitez le compostage en tas • Utilisez un composteur robuste dont le couvercle est solide et si nécessaire, installez un grillage sous le composteur (maille de 1 cm)

Si vous soupçonnez la présence de petits mammifères, installez un grillage sous votre composteur.

Il y a beaucoup de petites mouches à fruits (drosophiles)

CAUSES POSSIBLES	SOLUTIONS
Mauvais recouvrement des résidus de cuisine (spécialement les fruits)	• Enfouissez systématiquement les résidus de cuisine ou recouvrez-les de matériaux bruns ou de terre

On observe de grandes quantités d'insectes de la même espèce (fourmis, guêpes, perce-oreilles, etc.)

CAUSES POSSIBLES	SOLUTIONS
Mauvais recouvrement des résidus de cuisine (spécialement les fruits)	• Enfouissez systématiquement les résidus de cuisine ou recouvrez-les de matériaux bruns ou de terre
Manque d'air	• Brassez ou retournez le compost
Équilibre inadéquat des matériaux	• Maintenez l'apport de matériaux de façon à respecter la proportion brun/vert = 2/1
Manque d'eau	• Humidifiez le compost

Note : Même si certains de ces insectes entrent en jeu dans le processus de décomposition de la matière organique, la présence d'une même espèce en grande quantité est habituellement un indice que l'écosystème « compost » n'est pas en équilibre.

Des insectes nuisibles élisent domicile dans le compost (vers blancs, vers gris, vers fils de fer)

CAUSES POSSIBLES	SOLUTIONS
Le compost à découvert est un milieu de ponte par excellence pour les hannetons (vers blancs), les noctuelles (vers gris) et les taupins (vers fils de fer)	• Maintenez le compost couvert la plupart du temps en utilisant un couvercle relativement étanche dans le cas d'un composteur et une toile géotextile dans le cas d'un tas

La récolte du compost, enfin

Une des questions qu'on me pose le plus fréquemment lorsque je donne des formations sur le compostage est : « Combien tout cela prend-il de temps ? ». Ma réponse est toujours la même, c'est-à-dire : « entre trois mois et trois ans ». En fait, la période qui sépare le moment où vous déposerez les premiers matériaux au composteur et celui où vous pourrez récolter le compost mûr (matière organique stabilisée) est directement reliée à la façon dont vous gérez le processus de compostage. Encore ici, il n'y a pas de méthode idéale ; il y a la méthode qui vous convient le mieux, car l'important c'est d'abord et avant tout de composter.

Considérant que vous savez maintenant que toute matière organique se décompose, qu'on le veuille ou non, vous ferez peut-être partie de ceux qui sont portés à laisser aller la nature à son rythme en intervenant le moins possible. Si vous optez pour cette approche, vous devrez être patient et peut-être aussi posséder plusieurs composteurs (ou composter en tas, puisque cette méthode n'implique pas de limite de volume), car votre compost pourra prendre jusqu'à trois ans avant d'être mûr. D'autre part, si vous avez beaucoup de disponibilité et d'intérêt pour le compostage, vous choisirez peut-être de suivre à la lettre toutes les recommandations de ce livre. Dans ce cas, avec un peu d'expérience (et beaucoup d'énergie), vous serez en mesure de fabriquer du compost en trois mois.

Enfin, si comme la plupart des gens, vous choisissez d'y mettre un peu de votre temps (pas trop tout de même, vous n'avez pas que ça à faire), vous pourrez sans doute récolter votre compost après un an. Mais quelle que soit l'approche que vous adopterez dans la fabrication de votre compost, vous aurez le loisir d'intervenir à différents niveaux afin de stimuler la décomposition de vos matériaux compostables. Ainsi, vous exercerez un contrôle sur la vitesse de décomposition, comme vous le constaterez dans la prochaine section qui se veut également une révision des différents concepts présentés dans ce chapitre.

Les facteurs qui influencent la vitesse de décomposition

Les facteurs qui conditionnent la vitesse de décomposition sont : l'équilibre des matériaux bruns et des matériaux verts, la grosseur des matériaux, l'humidité, l'aération, le volume à composter et la méthode de compostage utilisée.

L'équilibre des matériaux bruns et des matériaux verts

L'équilibre des matériaux bruns et des matériaux verts est primordial pour répondre adéquatement aux besoins alimentaires des organismes décomposeurs. Si vous débutez dans le compostage domestique, adoptez la recette de base dont le ratio est deux parties de brun pour une partie de vert. Avec l'expérience, vous développerez votre propre recette qui sera plus adaptée aux matériaux que vous aurez l'habitude de composter puisque le rapport C/N est variable selon les différents matériaux.

La fragmentation des matériaux

Plus les matériaux sont fragmentés, plus ils offrent de portes d'entrée pour les organismes décomposeurs. Bien que plusieurs matériaux soient déjà passablement petits, comme la plupart des résidus de cuisine, d'autres sont plus grossiers. Ces derniers ont avantage à être déchiquetés, morcelés, écrasés de toutes les façons.

C'est le cas par exemple des branches, des feuilles mortes de grande dimension et de certains résidus de cuisine tels que les épis de maïs et les pelures de melons.

L'humidité

L'eau est essentielle pour maintenir la vie des organismes décomposeurs. En gardant une humidité constante, mais non excessive, on s'assure que nos employés bénévoles travaillent rapidement et efficacement.

L'aération

L'air est aussi essentiel au maintien de la vie des organismes décomposeurs. On l'a vu précédemment, les techniques de brassage et de retournement sont efficaces pour assurer le minimum d'aération requis dans le compost.

Le volume des matériaux à composter et la méthode de compostage utilisée

Ces deux facteurs sont intimement liés. Si vous expérimentez la méthode du compostage en une opération qui implique des quantités appréciables de matières organiques, vous remarquerez que la décomposition est plus rapide en comparaison avec la méthode d'accumulation graduelle. Cela est dû au fait que dans une importante masse de compost, l'activité microbienne est optimale, ce qui d'ailleurs se traduit par une augmentation de la température.

Quand le compost est-il mûr ?

On reconnaît un compost mûr par son aspect et son odeur qui rappellent une bonne terre. Il n'est plus vraiment possible d'identifier les matériaux avec lesquels il a été fabriqué et les vers en sont absents.

L'utilisation d'un tamis, une bonne façon pour récolter son compost en tout temps

Peu importe l'approche que vous adopterez pour faire votre compost, vous remarquerez tôt ou tard qu'une partie des matériaux que vous avez mis dans votre composteur ou votre tas ressemble à de la terre alors qu'une autre partie n'a pas encore terminé le processus de décomposition. Qu'à cela ne tienne, en tamisant votre compost, vous aurez le loisir de recueillir la partie de compost mûr, tout en remettant la partie non décomposée au composteur.

Le tamis idéal devrait être conçu de façon à s'ajuster parfaitement à la brouette.

Puisque les tamis à compost sont encore peu commercialisés, vous devrez peut-être fabriquer le vôtre. Pour ce, vous pourrez vous inspirer de la méthode expliquée dans l'encadré, mais l'idéal sera que vous adaptiez la dimension de votre tamis à vos besoins, par exemple de façon que celui-ci s'ajuste parfaitement à votre brouette.

Pour tamiser votre compost, une bonne façon de faire consiste à placer le tamis sur une brouette et à y déposer ensuite le compost à tamiser. Par la suite, vous devrez agiter énergiquement les matériaux avec vos mains afin de faire passer le maximum de compost à travers le tamis. Le compost mûr sera ainsi recueilli dans la brouette alors que les matériaux qui demeurent dans le tamis seront remis au composteur.

Si vous préférez tamiser votre compost par terre, pensez à munir votre tamis de bras de support afin de pouvoir le placer en diagonale par rapport au sol.

Pour tamiser le compost, transférez-le dans un tamis placé sur la brouette.

Agitez les matériaux afin de les faire passer à travers le tamis.

Muni d'un bras de support, le tamis peut également être placé en diagonale sur le sol.

FABRICATION D'UN TAMIS ARTISANAL ADAPTÉ À UNE BROUETTE DE 5 PI³ (0,14 M³)

Matériel nécessaire

- Une planche de cèdre de l'Ouest (ou autre type de bois) de 1 po × 5 po × 10 pi (2,5 cm × 12,7 cm × 3 m). Ces planches sont habituellement vendues pour la fabrication des patios. Coupez la planche de façon à faire deux bouts de 29 po (73,3 cm) et deux de 29 ½ po (75 cm).

Vous aurez également besoin de :

- trois petites pièces de bois (cèdre ou autre) de ¾ po × ¾ po (1,9 cm × 1,9 cm) dont deux auront 24 po de long (61 cm), alors que la troisième aura 15 po de long (38 cm).
- Une pièce de grillage métallique (maille de fer galvanisé soudé) de 31 po × 29 ½ po (78,7 cm × 75 cm) dont les carrés ont des côtés de ½ po (1,27 cm).
- 12 vis à plate-forme (patio) de 2 po (5 cm).
- 20 clous galvanisés de 1 ½ po (3,8 cm).

Fabrication

1. Vissez les planches de façon à former un rectangle de 31 po × 29 po (78,7 cm × 74 cm).
2. À l'aide d'une agrafeuse, fixez la pièce de grillage métallique sur le rebord du rectangle.
3. Sur chacun des deux côtés du rebord qui comportent le grillage et qui sont les plus longs, placez une petite pièce de bois de 24 po (60 cm) et fixez-la à l'aide de clous. Les deux petites pièces de bois serviront à stabiliser le tamis de part et d'autre de la cuve de la brouette.
4. Fixez de la même façon la petite pièce de bois de 15 po (28 cm) sur un des deux côtés de 29 po (74 cm). Cette petite pièce sera disposée à l'intérieur de la cuve de la brouette du côté des poignées. Elle permettra de retenir le tamis afin qu'il ne glisse pas vers le bas puisque la cuve de la brouette est souvent plus basse de ce côté.

CHAPITRE 4

Le compostage intermédiaire :

entre le novice et le professionnel

Le compostage intermédiaire implique des volumes à composter supérieurs au compostage domestique, des notions plus avancées et un suivi plus élaboré. Mais il ne s'agit pas pour autant de compostage industriel (voir chapitre 6 *Le compostage industriel et les composts commerciaux*) qui permet de composter des volumes très imposants en plus d'être soumis à certaines réglementations. En fait, les informations présentées ici sont plus élaborées que les principes de base qui sont habituellement suffisants pour les novices, mais elles sont tout de même inférieures aux connaissances nécessaires aux professionnels. C'est pourquoi j'ai surnommé ce type de compostage, le compostage intermédiaire.

Le compostage intermédiaire s'adresse principalement :

- aux regroupements de locataires qui désirent faire du compostage communautaire sans devoir subir les problèmes d'odeur souvent occasionnés par un rapport carbone/azote inadéquat ;
- aux propriétaires de petites fermes qui ont à cœur de valoriser adéquatement les résidus qu'ils produisent (fumier, résidus de plantes, etc.) ;
- aux membres des jardins communautaires qui désirent composter les résidus des jardins tout en minimisant les dangers de contamination lorsque des plantes malades sont compostées ;

Le compostage intermédiaire s'adresse entre autres aux propriétaires de petites fermes.

Le compostage en institution est à la fois pratique et éducatif. À l'Université Laval, un projet de collecte de matières compostables complète la collecte sélective des matières recyclables.

- à tous ceux qui veulent démarrer ou poursuivre des projets de compostage en institution à la fois éducatifs et pratiques (voir encadré);
- enfin, à ceux qui font déjà du compostage domestique depuis plusieurs années et qui veulent maintenant faire face à de nouveaux défis en compostant de façon sécuritaire de plus grandes quantités de matériaux ou encore des matériaux qui sont habituellement écartés du compostage domestique (excréments, plantes malades, plantes en graines, etc.).

Les matériaux compostables

Les matériaux, aussi appelés les intrants, qui peuvent être utilisés dans le compostage intermédiaire sont les mêmes que dans le compostage domestique. Cependant, lorsque le processus de compostage intermédiaire est scrupuleusement suivi et qu'il s'ensuit une élévation de température adéquate, comme nous le verrons plus loin, il est également possible de composter des intrants tels que des plantes malades, des plantes en graines ou des excréments d'animaux. Pour plus d'information sur les matériaux, revoyez le chapitre 2.

COMPOSTAGE EN INSTITUTION

Entre 1994 et 1996, ENJEU et Nature-Action Québec se sont unis pour instaurer le compostage des déchets de cuisine dans une vingtaine d'institutions collégiales du Québec. Le système était très simple et efficace. L'équipe des cuisines séparait les déchets de légumes dans des seaux de 16 litres facilement transportables par des étudiants ; ceux-ci les vidaient trois fois par semaine dans deux grands coffres de bois d'environ 4 pi × 8 pi (1,20 m × 2,50 m) situés à l'extérieur. Une quantité équivalente de feuilles (entreposée juste à côté) était ajoutée chaque fois. Durant l'hiver, les boîtes à compost étaient doublées de toile géotextile ou de carton pour conserver la chaleur au maximum, mais le contenu n'a jamais gelé tellement l'activité était intense dans les composteurs. Un retournement était effectué en mai et un autre en été, en enlevant la paroi frontale des contenants. En automne, le compost était prêt à l'usage. Après un an, on a décidé de mettre un grillage (mailles de 1 cm^2) sous les composteurs et sur les parois latérales pour éviter l'intrusion de rongeurs. Un maximum de trois à six étudiants s'occupaient du projet dans chaque institution.

Quelques cégeps poursuivent toujours l'expérience et ENJEU propose de relancer le projet l'an prochain. Une façon unique d'éduquer les jeunes et le personnel à la réduction des déchets sans trop d'investissement.

Édith Smeesters

Le rapport carbone/azote (C/N) des matériaux

Tous les matériaux compostables contiennent de l'azote et du carbone, mais ces deux éléments sont en quantité variable d'un matériau à l'autre. Pour déterminer le rapport C/N d'un intrant, les professionnels procèdent à des analyses de laboratoire afin de doser précisément l'azote et le carbone de l'intrant visé. Pour plus de facilité, il est également possible d'utiliser un tableau qui présente des données moyennes pour les différents matériaux (voir le tableau 5 Caractéristiques de différents matériaux). Le rapport entre les quantités de carbone et d'azote (C/N) de chacun des intrants est une donnée importante en compostage intermédiaire. Par exemple, le gazon a un C/N autour de 17 (c'est-à-dire qu'il contient 17 fois plus de carbone que d'azote), alors que le C/N de la sciure de bois se situe autour de 440. De façon courante, on dit qu'un matériau est riche en azote lorsque son rapport C/N est plus bas que 30. À l'inverse, un matériau qui a un rapport C/N plus élevé que 30 est dit riche en carbone.

En fait, il est reconnu que la décomposition est optimale lorsque le mélange des intrants tend vers un rapport C/N de 30/1 (ce rapport peut aller jusqu'à 50/1 sans qu'il y ait de problèmes). Concrètement, les bactéries ont besoin de 30 g de carbone pour décomposer chaque gramme d'azote. Lorsque le rapport C/N est plus petit que 30, il y a perte d'azote par volatilisation. Par contre, lorsque le rapport C/N est plus grand que 50, la décomposition est ralentie.

Nous verrons plus loin la façon d'établir le ratio des différents matériaux afin d'obtenir le rapport C/N optimal du mélange.

TABLEAU 5

CARACTÉRISTIQUES DE DIFFÉRENTS MATÉRIAUX COMPOSTABLES

MATÉRIAUX	C/N	% N (SUR BASE DE POIDS SEC)	% EAU (SUR BASE DE POIDS HUMIDE)
Algues	17	1,9	53
Carton ondulé	563	0,1	–
Copeaux de bois dur	560	0,09	–
Copeaux de bois mou	641	0,09	–
Écorce de bois dur	223	0,24	–
Écorce de bois mou	496	0,14	–
Ensilage de maïs	40	1,3	66
Feuilles d'arbres	54	0,9	38
Foin	23	2,1	9
Fumier de bovin laitier	18	2,7	79
Fumier de bovin	19	2,4	81
Fumier de cheval	30	1,6	72
Fumier de mouton	16	2,7	69
Fumier de poule (en cage)	8	6	69
Lisier de porc	14	3,1	80
Paille (en moyenne)	80	0,7	12
Paille d'avoine	60	0,9	–
Paille de blé	127	0,4	–

TABLEAU 5 (SUITE)

CARACTÉRISTIQUES DE DIFFÉRENTS MATÉRIAUX COMPOSTABLES

MATÉRIAUX	C/N	% N (SUR BASE DE POIDS SEC)	% EAU (SUR BASE DE POIDS HUMIDE)
Papier journal	625	0,09	5
Résidus de café	20	–	–
Résidus de crabes et homards	4,9	6,1	47
Résidus de crevettes	3,4	9,5	78
Résidus de fruits	40	1,4	80
Résidus de légumes	12	3,25	–
Résidus de cuisine variés	15	2,4	69
Résidus de poissons	3,6	10,6	76
Résidus de taille d'arbustes	53	1	15
Rognures de gazon	17	3,4	82
Sciure de bois	442	0,24	39

Tiré de *On-Farm Composting Handbook*

La teneur en eau des matériaux compostables

La teneur en eau des matériaux est une donnée importante en compostage puisque l'eau est essentielle au métabolisme et à la vie de tous les êtres vivants. Une teneur en eau optimale permet des activités microbiennes optimales. La teneur en eau des intrants est parfois établie comme l'indique le tableau suivant, mais il peut être nécessaire d'évaluer cette donnée plus précisément puisqu'elle est influencée par les conditions environnementales (humidité, température, vent). La teneur en eau des intrants est habituellement déterminée en laboratoire en comparant le poids d'un échantillon avant et après un séjour de 16 heures dans une étuve, car cela permet l'assèchement de l'intrant. Il est également possible d'évaluer cette donnée à la maison à l'aide d'un four à micro-ondes. Mais avant de faire cette expérience avec des fumiers, pensez-y bien, car vous risquez de « parfumer » la maison !

Pour évaluer la teneur en eau d'un matériau, vous aurez besoin d'un four à micro-ondes ayant une intensité minimale de 600 watts et d'une balance précise graduée au gramme.

Voici comment procéder :

- placez une assiette pouvant aller au four à micro-ondes sur la balance et ajustez celle-ci à zéro ;
- pesez approximativement 100 g de l'intrant directement dans l'assiette ;
- placez l'assiette et l'intrant dans le four à micro-ondes et chauffez-le à puissance maximale durant six minutes ;
- laissez reposer l'intrant quelques minutes, en fait jusqu'à ce qu'il soit revenu à la température de la pièce, puis pesez-le ;
- placez à nouveau l'intrant dans le four à micro-ondes et chauffez-le à puissance maximale durant deux minutes ;
- laissez reposer l'intrant et pesez-le. Si le poids est identique à celui de l'étape précédente, le traitement au four est terminé. Autrement, vous devrez à nouveau mettre l'intrant au four à micro-ondes pour des périodes d'une minute jusqu'à ce que le poids reste stable.

Attention, il ne faut pas faire brûler l'intrant. Si c'est le cas, vous devrez recommencer.

Il est à noter que certains intrants qui sont la plupart du temps assez secs, tels que la sciure de bois, ne nécessitent habituellement qu'une période de six minutes.

Voici la formule pour calculer la teneur en eau de l'intrant (% d'humidité) :

Poids de l'intrant avant le traitement à la chaleur : A
Poids de l'intrant après le traitement à la chaleur : B

% d'eau = (A-B/A) × 100

Exemple:

A = 105 g, B = 66 g

% d'eau = (105-66/105) × 100 = 37 %

Méthode pour établir le ratio idéal des matériaux

Dans le chapitre traitant du compostage domestique, nous avons vu que le ratio suggéré consistait à utiliser deux fois la quantité de matériaux riches en carbone pour une fois la quantité de matériaux riches en azote (ou plus couramment, deux fois de matériaux bruns pour une fois de matériaux verts). Il s'agit d'un ratio moyen qui a été établi selon des expériences antérieures et qui est tout à fait approprié pour composter des petits volumes de matériaux. Mais à partir du moment où le volume de matériaux utilisés dépasse le volume normal de matières compostables générées par une famille, il peut être utile d'établir plus précisément le ratio des matériaux utilisés.

Pour effectuer le calcul, voici les données qui vous seront utiles :

R = rapport C/N visé (habituellement = 30)

Q = masse de l'intrant

N = % en azote de l'intrant (à partir des données de laboratoire ou du tableau précédent)

C = % en carbone de l'intrant (obtenu en multipliant le rapport C/N par le % en azote)

H = % en eau de l'intrant (établi selon la méthode au four à micro-ondes ou selon le tableau précédent)

S = % en matière sèche de l'intrant (obtenu en soustrayant le % d'humidité de 100)

EXEMPLE DE CALCUL AVEC DEUX INTRANTS, SOIT LES RÉSIDUS DE CUISINE (INTRANT N° 1) ET LA PAILLE (INTRANT N° 2)

N° DE L'INTRANT	MATÉRIAU	C/N	% N	% C	% EAU (H)	% MATIÈRE SÈCHE (S)
1	Résidus de cuisine	15	2,4	36	69	21
2	Paille	80	0,7	56	12	88

En supposant que le poids de l'intrant n° 1 est de 10 kg (Q1 = 10 kg), on cherche la valeur de Q2, soit le poids de l'intrant n° 2 pour obtenir le rapport C/N visé (R = 30).

Voici la formule :

$$R = \frac{(Q1 \times C1 \times S1) + (Q2 \times C2 \times S2)}{(Q1 \times N1 \times S1) + (Q2 \times N2 \times S2)}$$

$$30 = \frac{(10 \times 36 \times 21) + (Q2 \times 56 \times 88)}{(10 \times 2{,}4 \times 21) + (Q2 \times 0{,}7 \times 88)}$$

$$30 = \frac{7\,560 + 4\,928\ Q2}{504 + 61{,}6\ Q2}$$

$$(30 \times 504) + (30 \times 61{,}6\ Q2) = 7\,560 + 4\,928\ Q2$$

$$15\,120 + 1\,848\ Q2 = 7\,560 + 4\,928\ Q2$$

$$15\,120 - 7\,560 = 4\,928\ Q2 - 1\,848\ Q2$$

$$7\,560 = 3\,080\ Q2$$

$$7\,560 = Q2$$

$$3\,080$$

$$2{,}45 = Q2$$

En conclusion, il faudra 2,45 kg de paille pour mélanger à 10 kg de résidus de cuisine afin d'obtenir un C/N de 30. Pour plus de commodité, vous devriez maintenant évaluer cette proportion en termes de volume. Pour ce faire, prenez un contenant ayant un volume déterminé (un seau de 20 litres par exemple) et pesez-le. Mettez-y à tour de rôle chacun des intrants jusqu'à pleine capacité et pesez le tout en soustrayant le poids du seau vide. Par exemple, si le seau de résidus de cuisine pèse 20 kg et que le seau de paille pèse 2 kg, vous aurez besoin de 5 kg de paille, soit 2 seaux et demi de paille pour chaque seau de résidus de cuisine. (Considérant que j'ai besoin de 2,45 kg de paille pour mélanger avec 10 kg de résidus de cuisine, si j'ai le double du poids de résidus de cuisine, soit 20 kg, j'aurai besoin du double du poids de paille, soit 4,9 kg. Étant donné que j'ai déterminé qu'un seau de paille pèse 2 kg, j'aurai besoin de 2 ½ seaux, soit approximativement 4,9 kg ÷ 2.)

Il est également possible d'effectuer le calcul du rapport C/N pour trois intrants. Pour ce, il existe des formules complexes qui permettent de résoudre une équation avec deux inconnues (poids de l'intrant n° 2 et n° 3). Vous pourrez aussi procéder par tâtonnement en attribuant des valeurs de poids à deux des intrants en ne recherchant qu'une seule inconnue.

Évaluation de la teneur en eau du mélange

La teneur en eau recommandée pour une masse en compostage est de 40 à 65 % et idéalement de 50 à 60 %. Lorsque la teneur en eau est inférieure à 30 %, la décomposition s'arrête alors qu'une teneur en eau très élevée (plus de 60 %) favorise des conditions anaérobies et par le fait même des problèmes d'odeur.

La teneur en eau d'un mélange peut être calculée à partir de données moyennes établies pour chacun des matériaux (voir tableau Caractéristiques de différents matériaux) ou encore évaluée à partir de la technique au four à micro-ondes.

Voici la méthode pour calculer la teneur en eau d'un mélange constitué de deux intrants.

À partir de l'exemple utilisé pour le calcul du rapport C/N, nous avons déterminé que 10 kg de résidus de cuisine devaient être mélangés avec 2,45 kg de paille pour obtenir un rapport C/N de 30. Voyons maintenant quelle sera la teneur en eau d'un tel mélange à partir des teneurs en eau indiquées dans le tableau précédent et de la formule suivante :

$$G = \frac{(Q1 \times H1) + (Q2 \times H2)}{Q1 + Q2}$$

G : teneur en eau du mélange

Q 1 : poids de l'intrant n° 1 (résidus de cuisine)

Q2 : poids de l'intrant n° 2 (paille)

H1 : teneur en eau de l'intrant n° 1

H2 : teneur en eau de l'intrant n° 2

$$G = \frac{(10 \times 69) + (2{,}45 \times 12)}{10 + 2{,}45}$$

$$G = 57{,}78$$

Donc, la teneur en eau du mélange de l'exemple est approximativement de 57 %, ce qui constitue une teneur adéquate, mais tout de même à la limite de la teneur maximale. Lors du mélange des intrants, il n'y aura pas lieu d'ajouter de l'eau.

Le précompostage

Le précompostage consiste à laisser les matières organiques sèches, coriaces et riches en carbone s'humidifier, s'attendrir et entamer leur processus de décomposition avant d'être intégrées au compost. Le précompostage est particulièrement bénéfique pour les copeaux de bois, la sciure de bois, la paille et même les feuilles. Cependant, il n'est pas possible de faire de même avec les matériaux riches en azote (sauf l'hiver si ces derniers demeurent gelés), car la forte proportion d'azote entraînerait à coup sûr des problèmes d'odeur et c'est sans compter les risques de pollution associés au lixiviat qui pourrait s'échapper d'une telle accumulation de matériaux.

Les systèmes de compostage

Les systèmes de compostage utiles pour le compostage intermédiaire sont de façon générale plus gros que ceux utilisés pour le compostage domestique, mais tout de même moins imposants que les systèmes utilisés dans le compostage industriel. Ils peuvent être constitués d'un composteur ou d'un andain.

Les composteurs utilisés dans le cas du compostage intermédiaire devraient comporter deux ou trois compartiments ayant chacun un volume optimal de un mètre cube. Ils peuvent être confectionnés en bois ou en plastique recyclé, mais le bois est nettement plus approprié. Quant aux autres caractéristiques des composteurs, elles sont semblables à celles qui furent suggérées dans le chapitre 3 pour les composteurs domestiques.

Un composteur fait de plastique recyclé dans le cadre d'un projet de compostage communautaire.

Un composteur fabriqué de bois dans le cadre d'un projet de compostage dans une institution.

Le compostage en andain permet de composter d'importants volumes à faibles coûts.

Le système de compostage en andain est une option très intéressante pour le compostage intermédiaire, car il permet de composter d'importants volumes à faible coût. Un andain est en fait un tas allongé de forme légèrement triangulaire. La hauteur d'un andain peut varier de un à trois mètres. Toutefois, pour que l'aération soit adéquate et que les retournements soient facilités (principalement si ceux-ci sont effectués à la main), la hauteur optimale devrait être de un mètre. Lorsque la hauteur excède un mètre, il peut être utile d'installer un système de tuyaux perforés pour faciliter l'aération de toute la masse, autrement il faut prévoir un système de retournement mécanisé. La largeur de l'andain peut varier de un à cinq mètres selon la quantité de matériaux à composter, l'espace disponible et les possibilités de retournements mécanisés ou non. Tout comme dans le cas du compostage domestique, les andains doivent idéalement être recouverts d'une bâche de type géotextile.

D'autres systèmes de compostage plus élaborés sont parfois utilisés dans des projets de compostage communautaire. C'est le cas du centre de compostage communautaire de l'éco-quartier Jeanne-Mance à Montréal. Il s'agit en fait d'un prototype de composteur qui a été développé par l'Université McGill et qui se rapproche de certains composteurs rotatifs qu'on trouve en milieu industriel.

Enfin, peu importe le système de compostage que vous choisirez, vous devrez parfois vous soumettre à certaines réglementations. Ainsi, au Québec lorsque le volume des matières compostées dépasse 150 mètres cubes (500 mètres cubes dans le cas des fumiers ou produits de la ferme), une demande doit être faite auprès du

Composteur rotatif de l'éco-quartier Jeanne-Mance à Montréal.

ministère du Développement durable, Environnement et Parcs afin d'obtenir un certificat d'autorisation. De plus, dans les milieux urbains, certains systèmes tels que le compostage en andain sont parfois réglementés.

Le compostage et l'évolution des paramètres

Tout comme dans le compostage domestique, deux méthodes peuvent être utilisées en compostage intermédiaire. Ce sont la méthode de l'accumulation graduelle et la méthode de compostage en une opération. Cette dernière est cependant plus appropriée lorsque le but est de faire un compost assaini, car seule cette méthode peut entraîner une élévation de température suffisante (compostage à chaud) pour détruire les semences et les pathogènes.

Afin que le processus de compostage se fasse dans les meilleures conditions, les deux principaux paramètres à surveiller sont l'humidité et l'aération comme nous l'avons décrit dans la section du chapitre 3 qui traite de l'entretien du compost. Cependant, dans le cas du compostage intermédiaire, pour maintenir un bon niveau d'aération, on favorisera des retournements plutôt que des brassages.

Les paramètres et les stades du compostage

Mis à part l'humidité et l'aération, d'autres paramètres peuvent être suivis dans le cas du compostage intermédiaire. Ce sont la température, le pH et l'activité biologique tels que représentés dans la figure suivante qui démontre l'évolution de ces paramètres dans une masse en compostage qui n'a pas subi de retournement. Cette figure présente également les deux principaux stades de compostage que sont le stade de dégradation et le stade de maturation. Certains auteurs traitent également d'un troisième stade (non illustré), le stade de vieillissement ou de minéralisation.

FIGURE 1

ACTIONS CONJUGUÉES DES PARAMÈTRES DU COMPOSTAGE (HUMIDITÉ ET AÉRATION OPTIMALES)

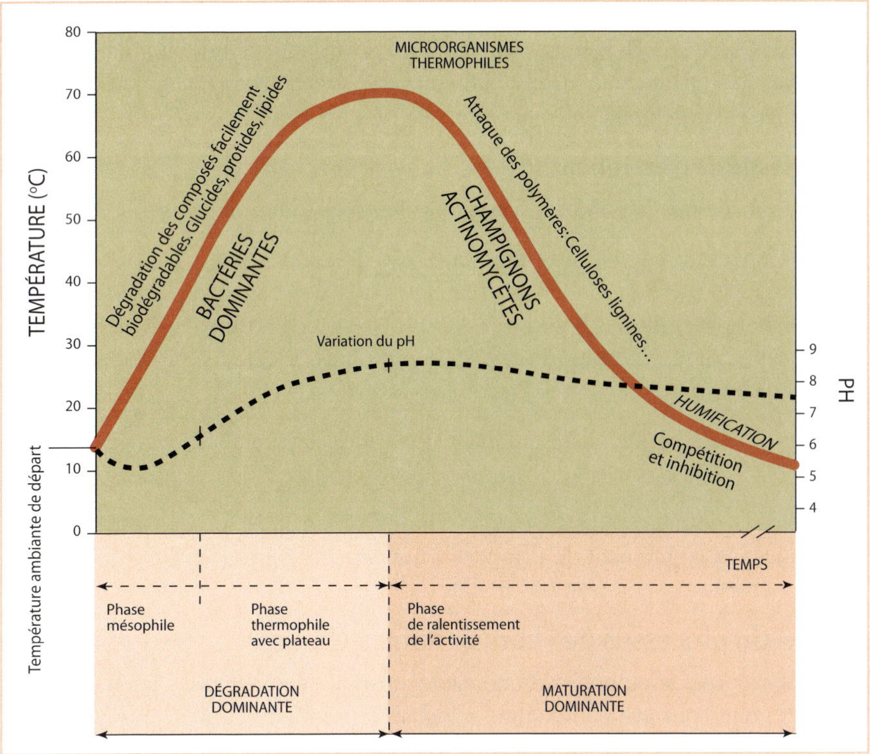

Tiré de Mustin, 1987

Le stade de dégradation

Immédiatement après le montage du tas, les bactéries dominent, c'est le stade de la dégradation. Il est lui-même subdivisé en deux phases, la phase mésophile et la phase thermophile.

- *La phase mésophile:* lors de cette phase, les bactéries, principalement de type mésophile, s'attaquent aux composés facilement biodégradables tels que les glucides, les protides et les lipides. La température augmente graduellement jusqu'à 40 °C. Cette dégradation intense produit des acides organiques, c'est pourquoi on remarque une légère baisse du pH (parfois jusqu'à 5).
- *La phase thermophile:* à partir de 40 °C, les bactéries de type mésophile meurent progressivement pour laisser la place aux bactéries de type thermophile. La température continue d'augmenter pour atteindre un plateau entre 60 °C et 70 °C. Quant au pH, il augmente graduellement pour atteindre un plateau entre 7 et 8 qu'il maintiendra jusqu'à la fin du processus de compostage. Au terme de la phase thermophile, le compost est dit brut ou très jeune.

Le stade de maturation

Le stade de maturation peut à son tour être divisé en trois phases.

- La première phase correspond à la baisse de température. À ce moment, les champignons et les actinomycètes prennent la relève pour attaquer les composés qui sont plus difficiles à décomposer tels que la cellulose et la lignine. À la fin de cette phase, le compost est dit jeune ou frais. D'ailleurs, on remarque que les matériaux sont encore identifiables.
- Lors de la deuxième phase (au milieu du stade de maturation), les vers de terre et les insectes colonisent le compost. On reconnaît encore quelques matériaux.
- Enfin, la dernière phase est celle d'humification intense (transformation en humus). À ce moment, le compost a une structure grumeleuse et les vers en sont absents. Le compost est dit mûr ou mature.

Le suivi du processus de «compostage à chaud»

En supposant que le rapport carbone/azote ainsi que l'humidité et l'aération soient optimaux, que vous ayez un volume minimal de un mètre cube et que vous avez opté pour la méthode de compostage en une opération, vous devriez être en mesure d'observer une augmentation de température dans les heures qui suivront le montage du tas. Pour ce, munissez-vous d'un thermomètre à compost (voir les bonnes adresses) ou de tout autre thermomètre gradué au moins jusqu'à 90 °C et qui soit suffisamment long pour que son extrémité atteigne le centre du tas. L'objectif est d'obtenir une température de 60 °C durant au moins quatre jours. Il s'agit de la température critique où la plupart des bactéries et des champignons pathogènes (responsables des maladies) de même que les graines de plantes adventices sont détruits. Attention, la température ne doit pas dépasser 80 °C, car il y aurait perte d'azote et les éléments carbonés seraient littéralement brûlés. La cendre a beaucoup moins de valeur que le compost.

Une fois que la température a atteint un certain plateau (habituellement entre 60 °C et 70 °C), elle peut rester stable durant 10 et même 14 jours. Lorsqu'elle commence à descendre, c'est le temps d'effectuer le premier retournement puisque les bactéries thermophiles sont encore actives. Ainsi, la dégradation des composés facilement décomposables encore présents redémarre et provoque une nouvelle augmentation de température qui sera tout de même moins élevée que la première. En même temps que le retournement, il est habituellement utile d'humidifier le tas pour compenser les pertes d'eau par évaporation qui ont été provoquées par l'élévation de la température.

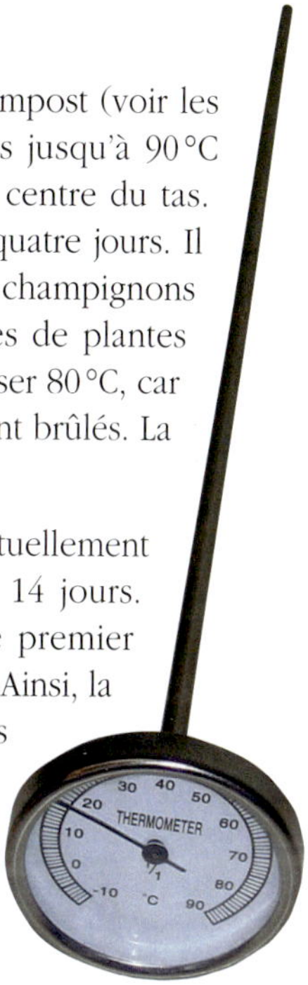

Le thermomètre utilisé doit être gradué au moins jusqu'à 90 °C.

En plus d'être utiles pour introduire de l'air dans le compost et de la sorte relancer la décomposition aérobie, les retournements servent à mélanger et à décompacter les matériaux ainsi qu'à détruire les graines et les pathogènes situés en périphérie.

Le thermomètre doit être suffisamment long pour que son extrémité atteigne le centre du tas.

Par la suite, la fréquence des retournements sera ajustée en fonction de la teneur en eau, de la porosité des matériaux et de la durée de compostage désirée. Les retournements fréquents accélèrent le processus de compostage ; par contre, ils peuvent provoquer des pertes d'azote. Dans les meilleures conditions, deux ou trois retournements sont suffisants pour obtenir un compost mûr après trois à six mois, lorsque la température est clémente.

CHAPITRE 5

Le lombricompostage : *composter dans la maison !*

Le lombricompostage (lombric : famille des vers), aussi appelé vermicompostage, est une méthode qui permet de décomposer les résidus organiques provenant de la cuisine à l'aide de petits vers rouges, et ce, à l'intérieur douze mois par année (voir encadré). Même si le résultat s'appelle le lombricompost ou le vermicompost, il ne s'agit pas réellement d'un compost puisque la matière organique n'a pas à proprement parler subi un processus de décomposition contrôlée. C'est en fait le résultat de la digestion des vers, donc un fumier de vers de terre.

Pourquoi pratiquer le lombricompostage ?

Le lombricompostage est une avenue intéressante pour ceux qui vivent en appartement et qui ont le souci de diminuer le volume de leurs ordures sans toutefois avoir la possibilité de pratiquer le compostage domestique à l'extérieur. Malgré ce que certains pourraient croire, le lombricompostage à l'intérieur ne génère pas d'odeur lorsqu'il est géré correctement. De plus, une fois que vous aurez accepté la présence des vers dans la maison (certains ne pourront jamais s'y faire…) et maîtrisé les bases du lombricompostage, vous réaliserez que les vers sont des petits animaux de compagnie agréables, tranquilles et qui demandent beaucoup moins de soins qu'un chien ou un chat.

LE LOMBRICOMPOSTAGE DANS LA MAISON… OU À L'EXTÉRIEUR

Bien que le lombricompostage puisse se pratiquer à l'extérieur dans certaines conditions climatiques très clémentes ou encore dans le cas du compostage de très gros volume, il ne serait pas sage de pratiquer le lombricompostage domestique à l'extérieur sous des climats nordiques. En effet, les vers qui sont utilisés pour le lombricompostage sont plutôt « frileux ». Ainsi, ils risquent de ne pas survivre à des températures hivernales situées sous la barre du zéro Celsius, surtout si le volume est réduit comme c'est le cas pour le lombricompostage domestique.

Le lombricompostage peut aussi être très utile en tant qu'outil concret de sensibilisation à l'environnement dans les écoles, les garderies et même dans les milieux de travail.

Ceux qui pratiquent le compostage domestique à l'extérieur pourront trouver dans le lombricompostage une pratique complémentaire attrayante, car elle permet de produire un amendement de très grande qualité et, de surcroît, très utile pour les plantes d'intérieur et pour les semis.

Toutefois, le lombricompostage demeure limité en ce qui concerne le volume à transformer. Pour cette raison, il est beaucoup moins adapté que le compostage domestique lorsqu'il s'agit de recycler tous les résidus de cuisine d'une famille.

TOUT CE QU'IL FAUT POUR LOMBRICOMPOSTER

Vous aurez besoin du matériel suivant :

- vers à compost ;
- lombricomposteur ou vermicomposteur qui est en fait un bac de plastique ou de bois de fabrication commerciale ou artisanale ;
- litière constituée de matériaux riches en carbone (matériaux bruns) ;
- résidus de cuisine riches en azote (matériaux verts).

Certains petits articles sont également utiles. Ce sont :

- un contenant de plastique d'une capacité approximative de un litre pour recueillir les résidus de cuisine : le verminourricier ;
- une petite binette à dents qui sera utile lorsque vous alimenterez les vers ;
- un carnet qui servira de journal de bord pour noter la plupart des interventions que vous ferez (ex. : date, volume, type de nourriture, etc.) ;
- une paire de gants (gants de latex ou gants de jardinier minces) pour effectuer la récolte de lombricompost.

Enfin, d'autres équipements demeurent facultatifs :

- une balance de cuisine ;
- un mélangeur électrique ou un robot culinaire ;
- une déchiqueteuse de bureau.

Les lombrics : un monde fascinant !

Le ver rouge *Eisenia foetidea.*

Si vous jardinez, vous savez sans doute que les vers sont vos meilleurs alliés au jardin. Mais saviez-vous qu'ils font partie de la famille des lombrics, et que celle-ci regroupe environ une quinzaine d'espèces de vers au Québec? Fait surprenant, aucune de ces espèces n'est indigène. En fait, tous les lombrics auraient été exterminés par les calottes glaciaires il y a 15 000 ans. Les vers qu'on retrouve aujourd'hui sont, pour la plupart, d'origine européenne. Les premiers colons les auraient transportés par inadvertance avec les plantes ou dans la terre qu'ils utilisaient comme lest des bateaux.

L'espèce la plus connue est le ver de terre *Lumbricus terrestris*, mais celle qui est utilisée habituellement dans le lombricompostage est *Eisenia fœtida*. On l'appelle aussi le ver de compost, le ver de fumier ou le ver rouge.

Le ver de terre *Lumbricus terrestris.*

Les caractéristiques anatomiques de la famille des lombrics

Le corps des lombrics est constitué d'un nombre variable de segments selon l'espèce. Ces derniers, situés l'un derrière l'autre, se nomment les métamères et sont traversés par un système digestif composé d'une bouche, d'un intestin et d'un anus. Les lombrics n'ont pas d'yeux ni d'antennes, mais ils possèdent des cellules nerveuses sensibles à la lumière et au toucher. Les vers possèdent une bande visqueuse pâle située au tiers antérieur du corps qu'on appelle le clitellum. Sa présence est un indice de maturité sexuelle. Dans le tableau suivant, vous trouverez quelques caractéristiques comparées pour les deux espèces de lombrics les plus communes, soit le ver de terre et le ver rouge.

FIGURE 2
L'ANATOMIE DU LOMBRIC

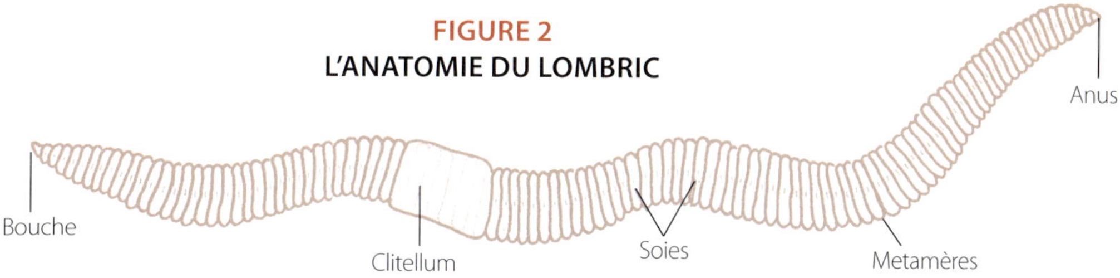

TABLEAU 6

COMPARAISON DES CARACTÉRISTIQUES ANATOMIQUES DU VER DE TERRE ET DU VER ROUGE

CARACTÉRISTIQUES	VER DE TERRE *LUMBRICUS TERRESTRIS*	VER ROUGE *EISENIA FŒTIDA*
Couleur	Brunâtre à rougeâtre	Rougeâtre avec des anneaux clairs (jaunes)
Nombre de métamères (segments)	De 108 à 180	De 80 à 120
Longueur	De 130 à 250 mm	De 50 à 120 mm
Poids	De 5 à 15 g	De 0,2 à 0,6 g

La reproduction chez les lombrics

Les lombrics sont hermaphrodites, c'est-à-dire qu'un même individu possède les organes mâles et les organes femelles. Cependant, un ver ne peut pas s'autoféconder, c'est pourquoi deux individus doivent se rencontrer. Les organes mâles sont situés sur les 10e et 11e segments alors que le 13e segment porte l'ovaire. Lors de l'accouplement, les deux individus s'accolent tête-bêche au niveau du clitellum de l'un et de la région génitale de l'autre. Ils échangent du sperme qui sera emmagasiné dans les spermathèques du conjoint.

Dans les jours suivants, chaque ver fabrique un cocon au niveau du clitellum. Le cocon glisse vers la partie antérieure du ver et recueille les œufs émis par les organes génitaux femelles et les spermatozoïdes du conjoint pour finalement se dégager au niveau du prostomium (tête). La fécondation est externe.

FIGURE 3

LES ORGANES REPRODUCTEURS DU LOMBRIC

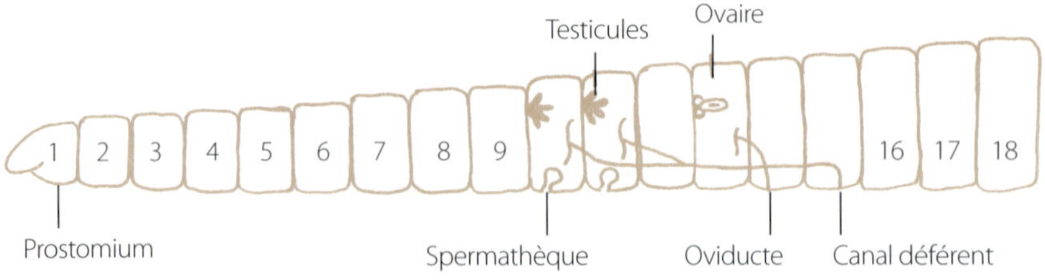

Figure adaptée de Dumas, 1996

Le cocon de couleur plus ou moins caramel renferme jusqu'à une vingtaine d'œufs, mais seulement de un à trois petits vers en sortiront après trois semaines. Les caractéristiques liées à la reproduction diffèrent d'une espèce à l'autre comme vous le constaterez dans le prochain tableau qui présente les caractéristiques du ver de terre et du ver rouge liées à la reproduction.

TABLEAU 7

COMPARAISON DES CARACTÉRISTIQUES DES LOMBRICS LIÉES À LA REPRODUCTION

CARACTÉRISTIQUES	VER DE TERRE *LUMBRICUS TERRESTRIS*	VER ROUGE *EISENIA FŒTIDA*
Grosseur du cocon	De 4,5 à 6 mm	4 mm + ou -
Nombre de vers par cocon	1 à 2	1 à 10
Nombre de générations par année	1	4
Maturité sexuelle	Entre 6 et 12 mois	52 jours à 25 °C
Nombre de descendants/année	2 à 3	30 à 40
Longévité des vers	4 à 8 ans	4 à 5 ans

Voici d'autres informations d'intérêt concernant les lombrics :

- Les vers ne possèdent pas de dents, mais de très forts muscles maxillaires.
- La respiration des lombrics est cutanée. Ils utilisent l'oxygène dissous dans l'eau. Ils ont donc besoin d'un environnement assez humide.
- Ils n'apprécient pas la lumière, le bruit, les vibrations.
- Ils sont très sensibles à la plupart des pesticides.
- En plus d'améliorer la structure et la fertilité des sols, les vers diminuent l'acidification du sol et produisent des lipoprotéines qui ont des propriétés bactéricides.
- Il est faux de croire que lorsqu'on coupe un ver, il s'en forme deux. En réalité, un ver peut régénérer sa partie postérieure et non un autre ver, et ce, seulement s'il est coupé à un endroit spécifique qui est variable selon les espèces. Alors, à l'avenir, soyez délicat…

- Les turricules ou tortillons que vous observez à la surface du sol sont en fait les déjections des vers.
- Du fait qu'ils ont souvent une couleur semblable à leur milieu (homochromie), les vers sont davantage protégés des prédateurs.
- Dans certains pays, les vers constituent une nourriture de choix pour les humains. D'ailleurs, la viande de ver est plus riche en protéines que le bœuf et le poisson.

Le ver rouge, champion du lombricompostage

Le ver rouge *Eisenia fœtida* possède des caractéristiques qui en font un des vers les plus adaptés pour le lombricompostage. En effet, si on le compare au ver de terre, on découvre que le ver rouge :

- est davantage un éboueur qu'un laboureur, alors que c'est l'inverse pour son cousin. Le ver rouge est particulièrement performant pour décomposer rapidement la matière organique. Dans des conditions idéales, il peut manger l'équivalent de son poids par jour. En condition naturelle, il loge dans les premiers centimètres du sol (20 à 30 cm) ou encore dans les tas de fumier ou les gros tas de compost. Quant au ver de terre, il a la capacité de creuser des galeries et d'habiter les couches profondes du sol (jusqu'à un mètre) ;
- est bien adapté à l'élevage en groupe puisque chaque individu requiert très peu d'espace, soit 15 à 30 cm^3 par ver. Comparativement, un seul ver de terre requiert un espace de 1 500 cm^3. Dans un lombricomposteur de dimension moyenne, il est possible d'élever de 1 000 à 2 000 vers rouges, alors que seulement une vingtaine de vers de terre pourraient y loger ;
- apprécie les températures chaudes de nos maisons. En fait, la température préférée du ver rouge se situe autour de 20 °C, soit une chaleur moins appropriée pour le ver de terre qui a plutôt un faible pour des températures proches de 10 °C.

Cependant, s'il est le champion du lombricompostage, le ver rouge ne fait pas le bonheur des pêcheurs qui lui préféreront le ver de terre. En effet, parce qu'il est petit, le ver rouge n'est pas facile à utiliser. De plus, il paraît que les poissons n'apprécient pas son goût.

Où et comment se procurer des vers rouges ?

Pour entreprendre cette belle aventure qu'est le lombricompostage, vous devrez bien entendu vous procurer des vers rouges. Pour ce, vous pourrez choisir l'une ou l'autre de ces options :

- Acheter des vers auprès des fournisseurs spécialisés dans le domaine (voir la section « Bonnes adresses »). Certains fournisseurs offrent également des systèmes de lombricompostage complets. Les vers sont habituellement vendus en 200 ou 450 g avec des quantités respectives de 500 et 1 000 vers à différents stades de croissance. Pour un lombricomposteur de dimension moyenne tel que décrit plus loin, 450 g seront nécessaires.
- Demander à un ami qui fait déjà du lombricompostage qu'il vous fasse don d'une poignée de vers lorsque ceux-ci seront en surnombre.
- Enfin, les plus intrépides auront peut-être l'idée de cueillir des vers rouges dans un tas de fumier. Si c'est votre cas, sachez que ce prélèvement comporte des inconvénients. En effet, vous risquez ainsi d'introduire des éléments indésirables (insectes nuisibles, micro-organismes pathogènes) dans votre système de lombricompostage et c'est sans compter les désagréments d'une telle aventure. Si malgré tout, vous voulez tenter l'expérience, prenez la peine de faire tremper vos vers dans une eau pure (non chlorée) durant 6 à 12 heures avant de les introduire dans votre système. Retenez par contre que ce « traitement » n'est pas infaillible.

Le lombricomposteur

Le lombricomposteur (syn. : vermicomposteur) que vous choisirez pourra provenir de fabrication commerciale ou artisanale.

Lombricomposteurs commerciaux

Les lombricomposteurs commerciaux peuvent prendre différentes formes, mais le modèle le plus commun est très simple. Il s'agit d'un bac de plastique d'une capacité variant de 30 à 70 litres muni d'un couvercle percé de quelques trous, de même qu'un fond également percé et couvert d'une membrane synthétique. Il peut ou non comporter des pattes et un plateau pour recueillir le liquide qui pourrait s'égoutter du lombricompost. Les systèmes commerciaux comprennent souvent les vers et la litière.

Le lombricomposteur commercial le plus commun est simple.

La fabrication d'un lombricomposteur artisanal

Pour fabriquer votre lombricomposteur artisanal de dimension moyenne, vous aurez besoin du matériel et de l'équipement suivant :

- un bac de plastique foncé et opaque dont les dimensions se rapprochent de celles-ci : longueur = 60 cm, largeur = 40 cm, hauteur = 20 à 30 cm ;
- un plateau en plastique habituellement utilisé pour déposer les bottes ;
- un géotextile mince de type couvre-parterre de la dimension du fond de la boîte ou tout autre tissu synthétique mince et non coloré. Évitez l'usage de moustiquaires, car les petits vers passent au travers ;
- quatre petits blocs de bois ou des petites bobines de fil ;
- des bouchons d'aération (facultatif) ;
- une perceuse.

Le matériel pour fabriquer un lombricomposteur.

Voici comment procéder :

- au moins deux jours avant le montage, nettoyez adéquatement le bac au savon, puis rincez-le et faites-le sécher à l'air libre (idéalement à l'extérieur) ;
- à l'aide de la perceuse, pratiquez des ouvertures sur le couvercle selon l'une ou l'autre des méthodes suivantes :
  - Percez une vingtaine de petits trous, ayant un diamètre de 0,5 cm répartis uniformément.
  - Ou, si vous optez pour le système avec des bouchons d'aération, percez quatre trous de la dimension des bouchons.
- pratiquez quatre à six ouvertures ayant un diamètre de 1 cm dans le fond du bac ;
- placez le tissu dans le fond du bac ;
- déposez le vermicomposteur sur les petits blocs de bois qui sont eux-mêmes placés dans le plateau à bottes ;

Votre vermicomposteur est maintenant prêt à recevoir la litière et les vers.

1

2

3

4

5

1. Percez une vingtaine de petits trous sur le couvercle.
2. Ou percez quatre trous de la dimension des bouchons d'aération.
3. Pratiquez des ouvertures dans le fond du bac.
4. Placez le tissu dans le fond du bac.
5. Votre lombricomposteur est prêt à recevoir la litière et les vers.

Où placer le vermicomposteur ?

Le lombricomposteur peut être placé dans toutes les pièces de la maison à condition toutefois que celles-ci soient chauffées durant la période hivernale. Choisissez de préférence un endroit tranquille tels une grande armoire, le dessous d'une table ou d'un bureau (si vous ne craignez pas les mauvais rêves, même le dessous d'un lit peut faire l'affaire). Évitez de placer votre lombricomposteur dans un endroit où il sera soumis à des vibrations tel que le dessus de la sécheuse ou à d'importantes variations de température, par exemple près d'une fenêtre ou d'une source de chaleur.

La litière

La litière est principalement constituée de matériaux riches en carbone. Ceux-ci sont indispensables pour équilibrer les apports de matériaux riches en azote que constituent les résidus de cuisine. Bien que différents matériaux comme des feuilles et de la tourbe de sphaigne soient parfois recommandés, je préfère les éviter afin de ne pas introduire d'éléments nuisibles provenant de l'extérieur. Je privilégie plutôt des matériaux qui proviennent de la maison tels que du papier journal, des sacs de papier bruns, des boîtes d'œufs en carton ou tout autre carton à condition qu'il ne soit pas ciré ou imprimé à l'encre de couleur.

Voici le matériel et l'équipement dont vous aurez besoin pour préparer une litière qui sera requise pour un composteur de dimension moyenne :

– **18 litres de papier journal déchiqueté ou de litière du commerce.** Il s'agit de la principale source de carbone. Si vous utilisez du papier journal, vous devrez dans un premier temps écarter toutes les feuilles qui sont imprimées à l'encre de couleur. Par la suite, vous pourrez déchiqueter les feuilles sélectionnées à l'aide d'une déchiqueteuse de bureau, mais il est aussi possible de les déchirer à la main en tentant d'obtenir de très petites lisières de papier. Essayez l'opération dans les deux sens du papier, vous découvrirez que c'est plus facile dans un sens. Certains commerces spécialisés dans la pêche vendent également de la litière pour les vers. Si tel est votre choix, sachez que vous n'avez pas de contrôle sur la provenance de ce produit qui pourrait contenir du papier journal imprimé à l'encre de couleur.

Déchiquetage de papier.

Après les avoir sélectionnées, découpez ou déchirez des bandes de papier journal.

- **0,5 à 1 litre de sable.** Les vers, tout comme les poules, ont besoin de sable pour faciliter leur digestion. Procurez-vous du sable horticole lavé vendu dans les jardineries ou les quincailleries, mais assurez-vous qu'il ne contient pas de sel. Si vous désirez utiliser du sable qui provient de l'extérieur, vous devrez lui faire subir un traitement à la chaleur. Pour ce, mettez le sable dans une lèchefrite, humectez-le légèrement et placez le tout au four à 200 °F (95 °C) durant une heure.

- **4 litres d'eau** (plus ou moins). L'eau choisie ne doit pas contenir des composés qui pourraient être toxiques pour les vers. Si votre eau provient d'un puits, elle sera convenable, mais si elle provient d'un réseau d'aqueduc, il y a de fortes chances pour que celle-ci soit traitée au chlore (et même parfois au fluor), ce qui serait nuisible pour les vers. Dans ce cas, vous devrez laisser reposer l'eau dans un contenant ouvert durant 48 heures avant de vous en servir. Enfin, vous pourrez aussi utiliser de l'eau de source embouteillée.

- Un **grand contenant** tel un seau de plastique de 20 litres pour faire le mélange. Une poubelle propre peut souvent faire l'affaire.

Pour effectuer le mélange des trois ingrédients, placez d'abord le papier journal déchiqueté et le sable dans le contenant et mélangez. Ajoutez ensuite l'eau en l'intégrant progressivement jusqu'à ce que le mélange ait l'aspect d'une éponge essorée. L'ensemble ne doit pas être détrempé.

Voilà, vous êtes maintenant prêts à accueillir vos petits protégés. Une fois la litière placée au fond de votre lombricomposteur, il ne vous restera qu'à déposer délicatement les vers sur la litière dans un coin du lombricomposteur et à laisser le couvercle ouvert jusqu'à ce que les vers se soient réfugiés dans la litière. Laissez les vers s'adapter à leur milieu puis, après trois ou quatre jours, vous pourrez commencer à les alimenter.

1. Ajoutez l'eau jusqu'à ce que le mélange ait l'aspect d'une éponge essorée.
2. La litière est placée dans le lombricomposteur.
3. Déposez les vers délicatement sur la litière.
4. Laissez le couvercle ouvert jusqu'à ce que les vers se soient réfugiés dans la litière.

L'alimentation des vers

En théorie, les vers mangent l'équivalent de leur poids tous les jours (incluant la litière). C'est donc dire que si vous avez 500 g de vers, ils devraient manger 500 g de résidus et de litière par jour. Mais en pratique, c'est souvent beaucoup moins. En fait, il est plus réaliste de penser que vous pourrez composter entre 500 g et 1 kg de résidus de cuisine par semaine. Voici les facteurs qui peuvent ralentir le travail des vers :

- un environnement non adapté à leurs besoins (voir tableau : les conditions idéales pour l'élevage des vers rouges) ;
- des résidus trop gros ou trop frais ;
- des agents stressants tels que les bruits (attention à la musique forte), les vibrations (ne mettez pas votre lombricomposteur sur la sécheuse), la lumière et les manipulations fréquentes (laissez-les tranquilles, quoi !).

TABLEAU 8

LES CONDITIONS IDÉALES POUR L'ÉLEVAGE DES VERS ROUGES

PROPRIÉTÉS	IDÉAL	TOLÉRANCE
Température	20 °C 15 à 25 °C	7 à 30 °C Limite extrême : 0,5 à 35 °C
Humidité	75 à 85 %	70 à 90 % Tolérance à l'immersion
pH	6,5 à 8	pH minimum de 4,5

Tiré de Dumas, 1996

Il est important de ne pas suralimenter les vers, car si ceux-ci ne fournissent pas à la tâche, votre lombricomposteur aura tôt fait de se transformer en une poubelle nauséabonde. D'ailleurs, vous avez avantage à procéder méthodiquement comme l'expliquent les étapes suivantes.

Première étape

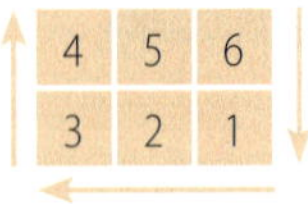

Partagez votre lombricomposteur en quatre ou six sections virtuelles dont les numéros (1 à 4 ou 1 à 6) se succéderont dans le sens des aiguilles d'une montre comme l'indique le schéma. Vous devrez ensuite inscrire les numéros sur les rebords du bac et du couvercle.

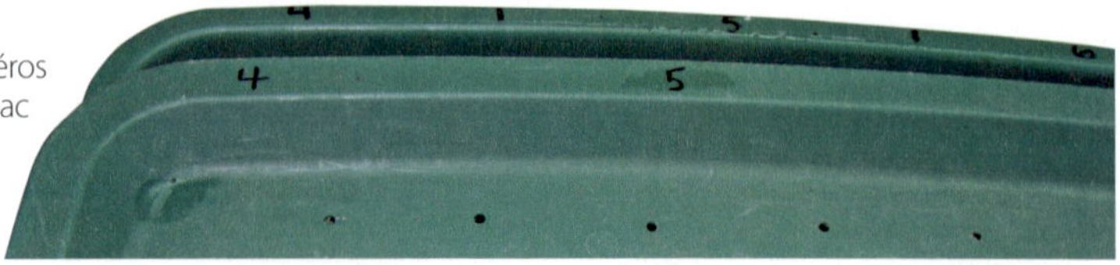

Inscrivez les numéros sur les bords du bac et du couvercle.

Deuxième étape

Sélectionnez les aliments qui sont appropriés, mais rejetez les aliments à éviter (voir encadrés).

Tout comme dans le compostage domestique, il faut éviter les matériaux qui pourraient occasionner des problèmes d'odeur. De plus, il n'est pas souhaitable d'utiliser des matériaux qui proviennent de l'extérieur, puisque vous risqueriez d'introduire dans la maison des éléments indésirables tels que des insectes nuisibles (voir encadré « Les aliments à éviter »). Pour plus de détails sur les matériaux à utiliser ou non selon les différentes techniques de compostage, consultez le chapitre 2 *Les matériaux compostables*.

Troisième étape

S'ils ne sont pas déjà très fins, coupez ou hachez le plus finement possible les aliments sélectionnés. Pour ce, vous pourrez utiliser un bon couteau, mais si vous avez un mélangeur ou un robot culinaire à votre disposition, vous pourrez choyer vos vers en broyant les aliments (au besoin, ajoutez un peu d'eau).

LES ALIMENTS PRÉFÉRÉS DES VERS

- La plupart des restes de fruits et légumes crus ou cuits. Limitez cependant les agrumes, de même que l'ail et l'oignon.
- Le marc de café, de même que le filtre (utilisez de préférence des filtres non blanchis)
- Les sachets et les résidus de thé et de tisanes
- Les céréales, les pâtes alimentaires et les légumineuses
- Les coquilles d'œufs finement broyées
- Les résidus de plantes d'intérieur

LES ALIMENTS À ÉVITER

- Les viandes
- Les poissons
- Les os
- Les produits laitiers
- Les produits gras et huileux
- Les produits vinaigrés
- Les produits salés
- Toutes matières qui proviennent de l'extérieur

Quatrième étape

Entreposez les aliments coupés ou broyés dans un petit contenant de plastique (le verminourricier) et laissez reposer le tout à la température ambiante durant quelques jours. Ainsi, les aliments vont commencer à se décomposer avec l'action de micro-organismes, ce qui les rendra plus attrayants pour les vers. Cependant, n'excédez pas trois ou quatre jours, car les aliments pourraient fermenter et devenir au contraire répugnants pour les vers.

Laissez reposer les aliments durant quelques jours.

Conservez les coquilles d'œufs séparément. Vous pourrez ultérieurement les broyer finement pour les utiliser dans votre lombricomposteur. Pour savoir comment entreposer et broyer les coquilles d'œufs, allez au chapitre 3 *Le compostage domestique*.

Cinquième étape

Maintenant que les aliments sont bien fins et qu'ils ont reposé durant quelques jours, vous pouvez enfin les ajouter au lombricomposteur. Pour ce, soulevez la litière de la section n° 1 et déposez-y le contenu de votre verminourricier, puis recouvrez le tout de litière. Enfin, refermez le lombricomposteur jusqu'à la prochaine alimentation. Prenez le temps de remplir votre carnet de bord (voir encadré).

Soulevez la litière dans la section choisie.

Videz le verminourricier.

Recouvrez le tout de litière.

Par la suite

Continuez l'alimentation de vos vers selon les indications précédentes en changeant de section à chaque fois, c'est-à-dire en poursuivant dans la section deux puis la section trois et ainsi de suite. De cette façon, les vers n'auront pas à chercher la nourriture. Lorsque vous devrez recommencer l'alimentation dans la section un, assurez-vous que les aliments y sont totalement décomposés.

Pour contrôler l'acidité qui est inévitable, saupoudrez de 15 ml de coquilles d'œufs finement broyées la surface de la litière aux deux à trois semaines.

La fréquence des repas varie habituellement entre un et deux par semaine. Si vous devez prendre des vacances, assurez-vous qu'il reste suffisamment de litière dans le bac et nourrissez vos vers comme d'habitude avant de partir. Une fois qu'ils auront mangé les résidus de cuisine, les vers s'attaqueront à la litière. Vous pourrez vous absenter l'esprit en paix pour une période de trois à quatre semaines sans problème.

LE CARNET DE BORD

L'utilisation d'un carnet de bord est très utile pour suivre adéquatement le processus de lombricompostage et ainsi pouvoir réajuster les interventions au besoin.

Vous avez avantage à y inscrire les différentes observations et les interventions telles que :

- alimentation régulière (date, type, poids ou volume, section) ;
- récolte (date, poids ou volume récolté) ;
- ajout d'autres ingrédients (coquilles d'œufs, litière, sable, etc.) ;
- comportement des vers (montent sur les bords du bac, mortalité, etc.).

La récolte du lombricompost

Après une période qui peut varier de trois à six mois, vous constaterez que la litière a complètement disparu et que le contenu de votre lombricomposteur est constitué exclusivement d'excréments de ver (le lombricompost). Vous pourrez enfin procéder à la récolte de ce qui deviendra un formidable amendement pour vos plantes. Ne vous attendez pas à récolter des quantités astronomiques, car le volume prélevé constituera approximativement 10 à 20 % du volume initial.

Il existe deux méthodes de récolte, mais celles-ci sont basées sur les mêmes principes : les vers fuient la lumière, mais ils sont attirés par la nourriture. Selon votre préférence vous pourrez opter pour *la méthode des petits tas* ou *la méthode progressive*.

La méthode des petits tas

La méthode des petits tas permet de récolter le compost en une seule journée, mais elle est assez fastidieuse et implique la manipulation des vers.

Voici comment procéder :

- cessez de nourrir les vers deux semaines précédant la récolte ;
- préparez une nouvelle litière ;
- placez une bâche de plastique (ex. : un grand sac à ordures) sur une table et versez-y délicatement le contenu du bac ;
- répartissez le lombricompost en une dizaine de petits tas ;
- placez une lumière vive au-dessus (ampoule incandescente de 100 watts ou fluorescente). Les vers vont se réfugier progressivement dans le centre des tas ;
- après trois ou quatre heures, récoltez délicatement le lombricompost en surface des tas. À cet effet, utilisez des gants et veillez à ne pas prendre de vers ;
- après une deuxième période de trois ou quatre heures, récoltez à nouveau le lombricompost ;
- éloignez rapidement les vers de la source de lumière en les plaçant délicatement dans un contenant (le verminourricier par exemple). À ce stade, profitez-en pour peser les vers si vous avez une balance.

1. Répartissez le lombricompost en une dizaine de petits tas.
2. Après trois à quatre heures, récoltez délicatement le compost en surface.
3. Après une deuxième période de trois à quatre heures, récoltez à nouveau le lombricompost.
4. Éloignez rapidement les vers de la source de lumière.

Si le poids dépasse 500 g, vous pourrez faire un cadeau à un ami en lui offrant l'excédent ;

- nettoyez le lombricomposteur, placez la nouvelle litière et déposez délicatement les vers en surface. Laissez le couvercle ouvert jusqu'à ce que les vers trouvent refuge dans le compost. Vous pourrez recommencer à les alimenter après trois ou quatre jours.

La méthode progressive

La méthode progressive est simple et ne nécessite pas de manipulation des vers. Par contre, elle demande de la patience, car la technique se déroule sur une période de quatre semaines.

Voici comment procéder :

- cessez de nourrir les vers ;
- deux semaines plus tard, préparez une nouvelle litière ;
- séparez le contenu du lombricomposteur en deux parties en tassant tout le lombricompost mûr dans une section et en plaçant la moitié de la litière préparée dans l'autre section ;
- recommencez à nourrir les vers normalement, en mettant la nourriture dans la partie qui contient la nouvelle litière ;
- après deux autres semaines, ouvrez le couvercle et déposez plusieurs couches de papier journal (non déchiqueté) sur la partie qui contient la nouvelle litière ;
- placez le lombricomposteur ouvert sous une lumière vive durant 24 heures. Les vers qui n'apprécient pas la lumière se réfugieront dans la nouvelle litière, attirés par la nourriture ;

1. Tassez le lombricompost mûr dans une section et placez la moitié de la litière préparée dans l'autre.
2. Après deux semaines, déposez plusieurs couches de papier journal sur la nouvelle litière.
3. Placez le lombricomposteur ouvert sous une lumière vive.

- récoltez le compost mûr, enlevez le papier journal non déchiqueté et placez la deuxième moitié de la nouvelle litière dans la partie vide.

L'entreposage du lombricompost

Que vous utilisiez l'une ou l'autre des méthodes de récolte précédemment décrites, vous devriez mettre le lombricompost récolté dans un sac de plastique légèrement perforé et placer celui-ci au soleil, près d'une fenêtre par exemple, durant deux à trois jours. Cela a pour but de détruire les vers et les larves de mouches qui pourraient avoir trouvé refuge dans le compost. Placez ensuite votre sac dans un endroit sombre jusqu'à l'utilisation du compost. Ne vous inquiétez pas si le lombricompost contient encore quelques vers, ceux-ci vont poursuivre leur travail dans le terreau de vos plantes.

La valeur et l'utilisation du lombricompost

Le lombricompost possède des propriétés fertilisantes uniques qui en font un amendement de choix pour les semis et les plantes d'intérieur. Il s'agit d'un produit qui est très riche en éléments minéraux, de même qu'en oligo-éléments. De plus, le lombricompost est bien pourvu en micro-organismes. Mais ces qualités sont optimales dans les six premiers mois suivant la récolte. Vous n'avez donc pas intérêt à entreposer le lombricompost sur de longues périodes. Pour en savoir plus sur l'utilisation du lombricompost, voir chapitre 7 *Les propriétés et l'utilisation du compost.*

Les problèmes, les causes et les solutions

Le lombricompostage est en soi une excellente pratique écologique, mais c'est aussi un art qui demande une certaine période d'apprentissage. Tout comme les autres organismes vivants, les vers ont des exigences et des préférences qui leur sont propres. C'est pourquoi vous devrez apprendre progressivement à leur offrir les meilleures conditions afin qu'ils soient « heureux » et qu'ils travaillent rapidement et efficacement à décomposer vos résidus organiques. Mais, malgré toute votre bonne volonté, il n'est pas impossible qu'un problème survienne. Qu'importe, il ne s'agit pas de paniquer, mais plutôt de tenter de comprendre la cause du problème de façon à tenter de le résoudre à la base. Si des problèmes surviennent, vous trouverez dans les prochaines lignes des pistes pour les régler. Par la même occasion, vous serez en mesure de constater quelles sont les pratiques préventives qui vous éviteront ces désagréments.

Les vers ont tendance à monter sur les bords du lombricomposteur

Si cela se produit, n'ayez crainte que les vers ne s'échappent du lombricomposteur, car ils ne pourraient pas survivre dans l'atmosphère beaucoup trop sèche de la maison.

Au début, c'est peut-être simplement dû au fait que les vers sont dépaysés dans leur nouveau milieu. Mais si le cas se reproduit plus tard, cela peut être symptomatique d'un environnement inadéquat. Dans un premier temps, remettez les vers sur la litière et exposez le tout à la lumière durant 24 heures. Analysez bien la situation et agissez sur la cause. Voici quelles pourraient être les causes et les solutions pour régler ce problème.

- Manque d'air
    - Assurez-vous que votre lombricomposteur possède des trous d'aération et que ceux-ci ne sont pas bouchés.
    - Après plusieurs mois, le compost a tendance à se compacter. Ajoutez un peu de papier journal déchiqueté en le mélangeant délicatement au compost.
- Trop sec
    - Ajoutez des résidus de cuisine humides ou vaporisez légèrement le dessus de la litière avec de l'eau pure.
- Trop acide
    - Saupoudrez de 15 ml de coquilles d'œufs finement broyées la surface de la litière, ou mélangez 5 ml de bicarbonate de soude dans un litre d'eau et aspergez-en la litière.
- Trop ou pas assez de nourriture
    - Ajustez la fréquence des repas.

Le lombricomposteur dégage des odeurs nauséabondes

La plupart du temps, ce problème est lié à l'alimentation. Voici les causes et les solutions.

- Trop de nourriture
    - Espacez les repas.

  - Ajoutez du papier journal déchiqueté.
- Alimentation inadéquate
  - Consultez la liste des ingrédients à éviter.
  - Assurez-vous de toujours enfouir les aliments sous la litière.
- Humidité trop élevée ou manque d'air
  - Vérifiez que les trous d'aération du dessus et les trous d'évacuation du dessous sont bien efficaces.
  - Brassez délicatement.
  - Ajoutez du papier journal déchiqueté.
  - Enlevez temporairement le couvercle.

Il y a beaucoup de petites mouches dans et autour du lombricomposteur et celles-ci pullulent partout dans la maison

Ce sont habituellement des mouches à fruits *Drosophila* ou des mouches d'humidité *Sciaridæ*.

Les causes de ce problème sont habituellement de trois ordres :

- Votre compost a été contaminé par des ingrédients qui proviennent de l'extérieur. Pour éviter que cela ne se produise, ne mettez pas de résidus tels que des feuilles et des débris du jardin. Si vous utilisez du sable qui provient du jardin dans la fabrication de la litière, assurez-vous de lui faire subir un traitement à la chaleur tel que décrit précédemment.
- Les petites mouches se sont introduites dans le lombricomposteur alors que celui-ci avait été placé à l'extérieur. À l'avenir, conservez votre lombricomposteur à l'intérieur et le couvercle dessus la plupart du temps (sauf exception).
- Les aliments (spécialement les fruits) n'ont pas été enfouis adéquatement. Revoyez la technique d'alimentation.

Voici maintenant des pistes de solutions pour régler le problème :

- Installez un piège à mouches à proximité du lombricomposteur et d'une fenêtre. Les mouches d'humidité (très petites et noires) seront attrapées par des pièges collants jaunes alors que les mouches à fruits (plus grosses et équipées de gros yeux bruns) auront un faible pour… les fruits. Pour les attirer et les piéger, vous pourrez utiliser un piège commercial de type « piège à guêpes » ou confectionner un piège artisanal (voir encadré).

LA FABRICATION ARTISANALE D'UN PIÈGE À MOUCHES À FRUITS

Matériel requis

- une petite bouteille de plastique (ex. : petite bouteille d'eau) ;
- une section de banane bien mûre ;
- ruban gommé ;
- un petit fil métallique ;
- un couteau.

Fabrication

1. coupez la partie du haut de la bouteille au niveau du début de l'étranglement ;
2. insérez le fil métallique de part et d'autre de la base de la bouteille de façon à en faire une poignée lorsque la bouteille sera retournée ;
3. insérez la section de banane dans la bouteille et refermez l'extrémité à l'aide de la section coupée en plaçant celle-ci à l'envers. Maintenez le tout avec du ruban gommé ;
4. suspendez votre piège de façon que l'ouverture soit vers le bas ;
5. lorsque vous aurez piégé suffisamment de visiteurs indésirables, placez votre piège au congélateur durant une heure ou deux. Videz le piège en jetant les mouches mortes à l'extérieur de la maison ;
6. réinstallez le piège au besoin.

- Pendant ce temps, tentez d'assécher le dessus de la litière en ouvrant le couvercle et en plaçant le tout sous une lumière. En dernier recours, saupoudrez de terre diatomée le dessus de la litière (les vers s'éloigneront de la lumière et ne seront pas affectés. De plus, lorsque tout entrera dans l'ordre et que le dessus du lombricompost sera réhumidifié, la terre diatomée sera sans danger pour les vers puisque celle-ci est efficace seulement lorsqu'elle est sèche).

Les petites mouches d'humidité sont attirées par le piège avec collant jaune.

Dans les cas extrêmes, vous devrez procéder de la façon suivante :

Récoltez le compost selon la méthode des petits tas (exceptionnellement, vous aurez avantage à effectuer cette opération à l'extérieur). Par la suite, vous devrez faire tremper les vers dans de l'eau pure durant huit à douze heures, puis laver adéquatement le lombricomposteur, fabriquer une nouvelle litière et recommencer à neuf. Quant au compost recueilli, il devrait être utilisé essentiellement à l'extérieur.

CHAPITRE 6

Le compostage industriel et le compost commercial :

par les professionnels, pour les jardiniers

Même si je suis convaincue des avantages «éconologiques» du compostage domestique, je ne prétends pas qu'il soit possible de composter dans ma cour (et dans la vôtre) les millions de tonnes de résidus organiques d'origine urbaine, institutionnelle, commerciale, industrielle et agricole qui sont produits annuellement au Québec. Heureusement, des professionnels du compostage industriel s'en occupent. Lorsque le résultat de ce processus de compostage est mis en marché en tant qu'amendement de sol pour utilisation agricole ou horticole, on parle alors de compost commercial.

Le compostage industriel

Puisque le compostage industriel permet de valoriser des matières résiduelles organiques de différents secteurs, les intrants sont variés. Ce sont le plus souvent : des fumiers, des résidus agroalimentaires, des boues d'épuration, des résidus papetiers, du gazon (malheureusement, tous ne sont pas convertis à l'herbicyclage), des résidus de bois, des feuilles et, depuis peu, des résidus alimentaires domestiques. Dans le cas du compostage destiné à l'utilisation agricole et horticole, d'autres intrants tels que la tourbe de sphaigne et la chaux peuvent être ajoutés aux résidus organiques.

Les entreprises de compostage industriel utilisent différentes techniques pour valoriser les résidus organiques. En voici quelques-unes.

La méthode de *compostage en pile* est la plus simple. Elle consiste à cumuler à l'extérieur un mélange de matières organiques de façon à former d'immenses tas qui seront retournés régulièrement à l'aide d'une pelle mécanique. Ces tas peuvent

La méthode de compostage industriel en pile.

être disposés ou non sur une plate-forme de béton selon la nature du sol. Avec cette méthode qui permet de composter d'importants volumes de matières résiduelles, la période habituellement requise pour atteindre la stabilité avant de mettre un compost sur le marché peut varier de 12 à 18 mois.

D'autres méthodes de compostage industriel impliquent l'utilisation de machineries plus sophistiquées telles que des systèmes *d'aération forcée* ou de *retournement automatisé*. Dans ces cas, le processus de décomposition se déroule parfois à l'intérieur, soit *en usine* ou *en silos* conçus à cet effet. Bien que ces méthodes soient plus onéreuses que la méthode d'accumulation en pile à l'extérieur, elles permettent de contrôler davantage les aléas de l'environnement et de produire le compost plus rapidement.

Enfin, certains industriels utilisent des systèmes de *digestion anaérobie* où la dégradation des matières organiques se fait en l'absence d'oxygène. Durant ce processus qui n'est pas considéré comme un processus de compostage, mais plutôt de digestion, des gaz comme le méthane sont produits. Ces derniers peuvent être utilisés comme combustibles pour générer de l'énergie.

Le compost qui résulte de la valorisation industrielle des matières organiques peut être utilisé à des fins agricoles et horticoles. Mais dans certains cas, il sera avantageusement utilisé à d'autres fins telles que:

- pour restaurer des sites (ex. : sablières) ;
- pour recouvrir les lieux d'enfouissement ;
- pour contrôler l'érosion (ex. : pentes le long des autoroutes).

Les entreprises de compostage industriel doivent répondre à des normes environnementales pour minimiser les effets néfastes que la valorisation de telles quantités de matières organiques pourrait avoir sur l'environnement. Ainsi, les lixiviats qui s'écoulent des tas de compost doivent être recueillis dans des bassins de rétention, puis aérés et décantés avant d'être retournés dans l'environnement.

Le compostage sous abris permet de contrôler les aléas de l'environnement.

La collecte municipale des matières compostables

La collecte municipale des matières compostables (aussi appelées les matières putrescibles), déjà implantée dans certaines municipalités, permet de valoriser les matières organiques de source domestique (résidus verts et résidus alimentaires) qui autrement seraient dirigées vers les lieux d'enfouissement et les incinérateurs si elles ne sont pas gérées à la source selon la méthode du compostage domestique. Ces matières compostables peuvent être collectées avec les autres matières résiduelles (matières recyclables et déchets réels) selon deux approches :

- Collecte mixte des déchets et des matières organiques

  Les résidants ne séparent pas à la source les résidus organiques qui sont mélangés avec les déchets, le tout dans un sac de plastique ou un bac. Ces résidus sont acheminés vers un centre de tri où l'on sépare les déchets (résidus inorganiques) des résidus organiques, et ce, préalablement à leur compostage. Cette approche repose sur un système de collecte à deux voies, une voie pour les déchets et les résidus organiques et une pour les résidus recyclables.

- Collecte des matières organiques triées à la source

  Les résidants séparent les matières organiques à la source en les déposant dans un contenant qui leur est dédié. Cette approche est appelée collecte à trois

La collecte à trois voies : déchets, matières recyclables et matières organiques.

voies, car elle implique qu'il y a trois fractions de matières qui sont ramassées séparément : les déchets, les matières recyclables et les matières organiques. Après la collecte, les matières compostables sont dirigées vers les entreprises de compostage industriel ou dans certains cas valorisées par les municipalités elles-mêmes.

Bien qu'elle demande plus d'efforts de la part du citoyen, cette approche est à privilégier, car elle permet d'obtenir un compost de meilleure qualité que la collecte mixte.

La collecte municipale des matières compostables est un incontournable pour toutes les municipalités qui doivent de plus en plus répondre aux exigences des autorités. À titre d'exemple, au Québec la loi oblige les municipalités à se doter d'un plan de gestion des matières résiduelles afin que plus de 60% de celles-ci soient mises en valeur. Associé à la réduction à la source, au réemploi et au recyclage, le compostage demeure essentiel pour atteindre cet objectif.

Collecte des matières compostables ou compostage domestique

Le compostage domestique demeure à mon sens la pratique de compostage la plus «éconologique» qui soit. D'une part, il permet de valoriser les matières organiques sur place. Ainsi, on n'a pas à dépenser de l'énergie et de l'argent pour transporter et valoriser ces matières ailleurs. Et c'est sans compter la pollution engendrée par le transport de ces matières par camion. D'autre part, en fabriquant son propre compost, on économise sur l'achat de compost et d'engrais. Enfin, parce qu'on contrôle les intrants, on s'assure ainsi de la qualité du résultat final.

Mais le compostage industriel fait à partir des matériaux organiques provenant de la collecte municipale est aussi essentiel afin de répondre à différents besoins et ainsi maximiser la quantité de matières résiduelles organiques valorisées. Pensons entre autres à tous les citoyens qui habitent dans des immeubles à logements. La majorité n'ont pas la possibilité d'installer un composteur à l'extérieur et ce n'est qu'une minorité qui seront prêts à pratiquer le lombricompostage. Dans ce cas, la collecte des matières compostables est indispensable.

De plus, parce que le compostage industriel comporte une phase thermophile (haute température), il permet de valoriser et d'assainir certains matériaux qui doivent être écartés du compostage domestique tels que les plantes malades, les excréments d'animaux et les résidus alimentaires d'origine animale.

Malgré tout, je persiste à croire que tous ceux qui ont la possibilité de pratiquer le compostage domestique devraient privilégier cette méthode, car en plus des avantages cités précédemment, elle encourage la responsabilisation du citoyen face aux déchets qu'il génère.

Les composts commerciaux

Le compost issu du compostage industriel et destiné à la vente pour utilisation en agriculture ou en horticulture est un compost commercial. Il est habituellement commercialisé sous deux formes, soit en sac ou en vrac. Au Canada, c'est l'Agence canadienne d'inspection des aliments qui administre la *Loi et le règlement sur les engrais* entourant la vente et l'importation du compost puisque celui-ci est un intrant susceptible d'entrer dans la chaîne alimentaire. Pour être mis sur le marché, tous les composts doivent répondre à des normes concernant l'innocuité, l'efficacité et l'étiquetage. Mais ces normes demeurent minimales. De plus, certains fabricants peuvent avoir moins de scrupules que d'autres à contourner la loi. C'est pourquoi vous devez être un consommateur averti.

Pour acheter du compost, sortez loupe et calculatrice

Si vous êtes de ceux qui, comme moi, ont pris l'habitude de lire les étiquettes avant d'acheter des aliments transformés, vous devriez agir ainsi lorsque vous faites l'achat de compost. Ne vous gênez pas pour prendre le temps de retourner les sacs de compost afin de lire les étiquettes, de manipuler et même de sentir les composts avant de faire votre choix.

La liste des ingrédients de base

Si vous voulez vraiment savoir ce que vous donnez à « manger » à votre sol, une des premières informations à rechercher sur l'étiquette d'un sac de compost concerne les ingrédients avec lesquels il a été fabriqué. Malheureusement, la loi n'oblige pas les commerçants à inscrire les ingrédients sur le sac de compost à moins qu'un ingrédient n'ait été mentionné dans le nom du compost. Il s'agit donc d'une pratique volontaire de la part des commerçants. Personnellement, je n'achète jamais de compost dont je ne connais pas les ingrédients de base et je privilégie les ingrédients dont la définition

LES MÉTAUX LOURDS

Les principaux métaux lourds sont: l'arsenic (As), le cadmium (Cd), le cobalt (Co), le chrome (Cr), le cuivre (Cu), le mercure (Hg), le molybdène (Mo), le nickel (Ni), le plomb (Pb), le sélénium (Se) et le zinc (Zn).

Les métaux lourds sont des éléments naturellement présents dans le sol. Certains jouent d'ailleurs le rôle d'éléments mineurs importants pour plusieurs êtres vivants, dont les plantes et les humains.

Le problème, c'est que les métaux lourds peuvent s'accumuler dans le sol lorsqu'ils sont parties intégrantes des composts et, de ce fait, devenir toxiques pour la faune et la flore, souvent à des doses relativement faibles.

est relativement claire tels que: fumier, tourbe de sphaigne, résidus de crevettes, algues marines, résidus de bois (voir l'encadré de la page suivante), chaux. D'autres ingrédients peuvent laisser place à différentes interprétations comme on peut le constater avec des termes tels que matière végétale, matière forestière, matière… Dans ce cas, je préfère m'abstenir.

Enfin, plus que tout autre ingrédient, j'ai des appréhensions concernant les biosolides qui sont le résultat du traitement des eaux usées des usines d'épuration et des papetières. Même si je suis consciente que ces matières ont avantage à être valorisées, je suis inquiète des effets à long terme que pourrait avoir l'utilisation de ces matières sur des terrains résidentiels qui peuvent tôt ou tard recevoir des cultures destinées à la consommation. C'est que les biosolides sont susceptibles de contenir, plus que tout autre intrant, des métaux lourds (voir l'encadré ci-dessus) qui sont reconnus comme toxiques. D'ailleurs, certains organismes de certification interdisent les biosolides en agriculture biologique.

L'analyse garantie

La plupart des données utiles (autres que les ingrédients) sont habituellement incluses dans un tableau intitulé «Analyse garantie» à l'endos des sacs de compost.

Le pourcentage d'eau

Si vous ne voulez pas payer pour de l'eau, choisissez le compost qui offre le plus bas *pourcentage d'eau*. Dans tous les cas, la loi stipule que les composts ne devraient jamais contenir plus de 65% d'eau. Si vous êtes de force moyenne et avez de la difficulté à soulever un sac de compost, il y a fort à parier que celui-ci renferme un haut pourcentage d'eau.

ANALYSE GARANTIE (EXEMPLE FICTIF)

- Azote total (N): 0,5 %
- Acide phosphorique assimilable (P_2O_5): 0,6 %
- Potasse soluble (K_2O): 0,2 %
- Humidité maximale: 65,0 %
- Matière organique: 25,0 %
- pH: 6,5
- Carbone/azote: 22

Note: *Les données exprimées en pourcentage sont des garanties minimales, à l'exception de l'humidité qui doit être maximale.*

LES INGRÉDIENTS DES COMPOSTS COMMERCIAUX

Fumier de mouton composté ou fumier de bovin composté

Le fumier de mouton a acquis une telle réputation du fait de sa teneur fertilisante en potassium qu'il est devenu très populaire auprès des jardiniers. Considérant que le cheptel des moutons n'est pas très imposant au Québec, il est étonnant de trouver autant de fumier de mouton sur le marché. La prochaine fois que vous voudrez faire l'acquisition d'un fumier composté, prenez la peine de comparer la valeur fertilisante (voir plus loin) du fumier de mouton avec un autre fumier composté (non nommé, mais souvent du fumier de bovin). Il y a fort à parier que vous verrez peu ou pas de différences entre les deux…

La tourbe de sphaigne

La tourbe de sphaigne, qui est souvent utilisée dans les composts commerciaux, allège ces derniers tout en leur conférant une texture fine. Cependant, l'utilisation abusive de la tourbe de sphaigne dans les composts n'a pas que des avantages. En effet, loin d'être un déchet que l'on valorise, elle est une ressource qui met des milliers d'années à se renouveler. De plus, la tourbe de sphaigne des composts est sans intérêt pour augmenter leur valeur fertilisante ou pour améliorer la structure des sols.

Les tourbières prennent des milliers d'années à se renouveler.

Résidus de crevettes ou farine de crevettes

Des recherches ont permis de conclure que les résidus de crevettes auraient un effet phytoprotecteur sur les plantes en raison de la chitine qu'ils contiennent. En fait, celle-ci stimulerait le développement de populations microbiennes du sol productrices de chitinase. Cette enzyme a la capacité de dégrader les parois cellulaires des champignons responsables de certaines maladies des plantes.

Cette découverte a fortement contribué à augmenter la popularité du compost qui est fabriqué à partir de résidus. Mais on est en droit de se demander si tous ces composts ont des propriétés de phytoprotection équivalentes. La réponse réside dans la quantité et la qualité des intrants. Malheureusement, il n'est pas possible de connaître les recettes secrètes des composts commerciaux, donc la quantité. Cependant, vous devriez privilégier les composts fabriqués avec des résidus de crevettes plutôt que des farines de crevettes.

Les résidus de bois

Les résidus de bois qui entrent dans la composition des composts commerciaux sont particulièrement performants pour former de l'humus. Ils sont donc tout à fait appropriés pour améliorer la structure des sols argileux.

Le pourcentage de matière organique

Le pourcentage de matière organique est une information très importante puisque la matière organique est l'essence même du compost. On a donc avantage à rechercher les taux de matière organique les plus élevés.

Il n'est pas toujours simple de comparer le pourcentage de matière organique d'un compost à l'autre. Selon le règlement, toutes les données de l'analyse garantie devraient être exprimées selon une base de matière humide, c'est-à-dire sur le total de tous les ingrédients qu'on retrouve vraiment dans le sac, incluant l'eau. Cette donnée varie habituellement entre 20 et 30% pour la plupart des composts. Malheureusement, malgré la loi, plusieurs fabricants indiquent encore le pourcentage de matière organique selon une base de poids sec (c'est-à-dire en excluant l'eau), soi-disant parce qu'ils ont encore des sacs à écouler. Ainsi, les valeurs obtenues varient habituellement de 60 à 75%... Nettement plus attirant... mais pas légal.

COMPARER LE TAUX DE MATIÈRE ORGANIQUE DE DEUX COMPOSTS

Afin de comparer le taux de matière organique de deux composts, il faut d'abord déterminer si ce taux est exprimé en base de poids sec ou en base de poids humide. Pour ce, additionnez le pourcentage de matière organique et celui de matière sèche. Si le total dépasse 100, c'est que les données sont exprimées en base de poids sec.

Exemple :

	EAU	MATIÈRE ORGANIQUE	CALCUL	BASE DE POIDS
Compost A	70 %	24 %	70 + 24 = 94, donc < 100	Les données de ce compost sont exprimées en base de poids humide.
Compost B	65 %	60 %	65 + 60 = 125, donc > 100	Les données de ce compost sont exprimées en base de poids sec.

Pour convertir le taux de matière organique du compost B en base de poids humide (ou réel), il s'agit de multiplier son taux de matière organique (60%) par son pourcentage de matière solide (100 moins le pourcentage d'eau), soit (100 – 65 = 35).

65% de 35 = 22,7%

En conclusion, le taux de matière organique du compost B est donc inférieur à celui du compost A.

La teneur en azote, phosphore et potassium

Si vous avez l'habitude d'utiliser des engrais, vous êtes sans doute familiarisé avec la série de trois chiffres qui est habituellement indiquée sur l'emballage à proximité du nom du produit. Ces trois chiffres correspondent à la teneur en azote, phosphore et potassium. Dans le cas des composts, ces valeurs sont bien plus basses que pour les engrais (principalement les engrais de synthèse), mais il faut savoir que ces données expriment le pourcentage d'éléments minéraux qui seront disponibles à court terme, alors que la décomposition progressive du compost mettra en disponibilité des éléments que les plantes pourront utiliser durant plusieurs mois, voire quelques années. Ces valeurs sont également exprimées à l'endos du sac dans l'analyse garantie par les symboles suivants : N, P_2O_5 et K_2O, c'est-à-dire sous la forme assimilable par les plantes. Mais les fabricants de composts commerciaux ne sont pas tenus de fournir ces données s'ils ne prétendent pas que le compost en question a des propriétés fertilisantes.

Tout comme pour le taux de matière organique, les données concernant la teneur en azote, phosphore et potassium devraient être exprimées sous la base du poids total de tous les ingrédients, incluant l'eau, ce qui n'est pas toujours le cas. Si vous avez déterminé que le pourcentage de matière organique était exprimé en base de poids sec, la teneur en éléments minéraux le sera également. Pour faire la conversion, vous devrez effectuer un calcul similaire à celui indiqué pour le taux de matière organique, c'est-à-dire multiplier la valeur donnée par le pourcentage de matière sèche. Par exemple, si un compost contient 60 % d'eau et 2 % d'azote total, le calcul pour trouver le pourcentage d'azote réellement contenu dans le sac sera le suivant : [2 % × (100 – 60) = 0,8]. La valeur de l'azote qui est réellement contenu dans le sac de compost est de 0,8 %.

Acheter du compost en sac ou en vrac

En plus de trouver sur le marché un choix toujours croissant de composts vendus en sac, vous aurez dans certains commerces la possibilité d'acheter du compost en vrac. L'un comme l'autre comportent des avantages et des inconvénients.

Le compost en sac

- Manipulation facile, se glisse aisément dans le coffre de l'auto.
- Information disponible sur le sac (ingrédients, matière organique, etc.).

- Coût parfois élevé (le coût des composts en sac varie de 2$ à 6$).
- Utilisation de sacs de plastique nuisibles pour l'environnement.

Le compost en vrac

- Coût souvent beaucoup plus bas (20$ à 30$ le mètre cube).
- Pas de gaspillage de sacs de plastique.
- Il est parfois difficile d'avoir des informations détaillées sur le compost.
- Suppose un moyen de transport adéquat (remorque, camionnette).
- Selon la technique et la période d'entreposage, le compost peut avoir perdu des qualités fertilisantes.

D'autres informations afin d'orienter votre choix

Certains composts sont approuvés pour l'utilisation en agriculture biologique par des organismes de certification reconnus, par exemple Garantie Bio-Écocert. Ces composts ne doivent pas contenir d'intrants synthétiques tels que des engrais de synthèse ou des agents mouillants. De plus, certains organismes n'acceptent pas les biosolides.

Si vous êtes soucieux de l'environnement (quelle question!... vous l'êtes sans doute puisque vous avez ce livre entre les mains), choisissez des composts qui sont fabriqués dans votre région. De cette façon, les impacts du transport seront minimisés.

Dans tous les cas, n'hésitez pas à toucher et à sentir le compost que vous convoitez et assurez-vous qu'il a une belle texture fine et friable et qu'il sent bon le sous-bois.

Enfin, si toutes ces précautions vous découragent d'acheter des composts commerciaux... relisez le chapitre 3 *Le compostage domestique*.

CHAPITRE 7

Les propriétés et l'utilisation du compost : *de l'or brun dans le jardin*

Le compost est sans contredit l'amendement par excellence pour améliorer et maintenir la santé du sol (voir encadré). Alors que la majorité des amendements agissent sur un seul niveau, le compost, qu'il soit de provenance domestique ou commerciale, intervient à tous les niveaux (physique, chimique, biologique) pour faire du sol un milieu vivant et favorable à la culture des plantes. Il n'est donc pas étonnant qu'on surnomme le compost : « l'or brun du jardinier ». D'ailleurs, le compost et le compostage sont indissociables du jardinage écologique. Le vrai jardinier écologique n'est pas celui qui a « le pouce vert ». Il a plutôt « les mains brunes ».

Le compost et le compostage sont indissociables du jardinage écologique.

QU'EST-CE QU'UN AMENDEMENT DE SOL ?

Un amendement de sol est une substance qu'on apporte au sol dans le but d'en améliorer les propriétés physiques, chimiques ou biologiques. En comparaison, les engrais visent à combler les besoins spécifiques des plantes.

Les amendements utilisés en horticulture sont classés en deux catégories : les amendements minéraux et les amendements organiques.

Les principaux amendements minéraux sont la chaux, la cendre, le gypse et les coquilles d'œufs broyées.

Les principaux amendements organiques sont le paillis organique, le fumier, les engrais verts, la tourbe de sphaigne et enfin le compost.

Même si le compost ne vise pas directement les plantes, il a, par ricochet, une influence directe sur la santé de ces dernières, car dans un sol sain poussent des plantes en santé. Et qui dit plantes en santé, dit également moins de risques d'infestation d'insectes et de maladies. Enfin, moins de problèmes d'insectes et de maladies se traduit par moins de pesticides. Bref, l'utilisation des composts au jardin est un avantage incontestable pour le sol, les plantes et enfin pour l'environnement et la santé de tous.

Les propriétés du compost

Les effets positifs de l'utilisation du compost sur le sol et sur les plantes sont nombreux. D'ailleurs, il suffit d'avoir utilisé le compost au moins une fois pour réaliser qu'il s'agit d'un amendement aux mille vertus. En voici quelques-unes.

Le compost nourrit le sol… et les plantes

Le sol est le centre névralgique de tout ce qui se passe au jardin. Loin d'être un simple support aux plantes, le sol vivant fourmille d'organismes utiles (micro-organismes et petite faune). Il doit donc être considéré dans son ensemble comme un élément vivant, au même titre que les humains, les animaux et les plantes. Et comme c'est le cas pour tous les éléments vivants, le sol a besoin de nourriture pour vivre. Enfin, la principale source de nourriture du sol provient de la matière organique dont est constitué essentiellement le compost. D'ailleurs, le compost doit, plus que tout autre amendement ou engrais, être à la base de la fertilisation du sol (voir l'encadré de la page suivante). Lorsqu'on néglige cet aspect, comme c'est parfois le cas dans l'agriculture intensive, on se retrouve tôt ou tard devant un constat désolant : la dégradation des sols.

Le compost, lorsqu'il est appliqué au sol, fournit des éléments minéraux simples dont une petite quantité peut être absorbée immédiatement par les plantes. Toutefois, la majorité de cette matière organique est stockée sous forme d'humus (matière organique stabilisée) qui sert en quelque sorte de « garde-manger » pour les organismes du sol. Selon les conditions environnementales, les organismes vivants du sol puisent leur nourriture à même ce garde-manger et la transforment en éléments assimilables par les plantes. À leur tour, les plantes puisent les éléments minéraux dans le sol en fonction de leurs besoins. Et tout cela se déroule dans votre jardin à la manière de ce qui se passe depuis des milliers d'années dans les milieux non perturbés par les humains telle la forêt naturelle. La nature fait bien les choses…

Le compost nourrit indirectement les plantes.

Le compost augmente la capacité du sol à retenir l'eau et les éléments minéraux

Personne ne peut le contredire, l'eau est essentielle à la vie. D'ailleurs, pour maintenir la santé du sol, l'eau, tout comme la matière organique, constitue un ingrédient vital. De plus, l'eau est un des éléments clés du phénomène de photosynthèse des plantes. Peu de jardiniers peuvent se vanter de ne jamais avoir expérimenté, malgré eux, le manque d'eau de certaines plantes. Le retour des vacances peut parfois être pénible…

LA FERTILISATION

La fertilisation est une opération qui tend à conserver ou à augmenter la productivité d'une terre par l'épandage d'engrais ou d'amendement.

En ce sens, le compost peut être considéré comme un fertilisant. Cependant, il serait erroné de classer le compost dans la catégorie des engrais. Le compost est bien plus qu'un simple engrais.

Même si l'eau est une richesse collective importante, plusieurs jardiniers l'utilisent trop souvent sans discernement. Pourtant, il existe de nombreuses solutions qui permettent de minimiser les quantités et les fréquences d'arrosage. L'utilisation du compost est l'une d'elles. En effet, le compost contribue à augmenter la capacité du sol à retenir l'eau. Cette caractéristique est à la fois un avantage pour l'environnement et pour

Le compost permet de minimiser l'arrosage.

nous les jardiniers qui n'avons pas à passer la belle saison avec un arrosoir à la main, et ce, même en période chaude et sèche. D'ailleurs, avec le réchauffement climatique annoncé, l'utilisation du compost est sans contredit une des pratiques qui peuvent contribuer à minimiser les besoins en eau potable au jardin.

Cette caractéristique sera aussi très intéressante si votre sol est constitué en grande partie de sable (ce qui est souvent le cas des sols des nouveaux aménagements), puisque ce type de sol retient peu l'eau et les éléments minéraux. De plus, si vous cultivez des plantes qui ont des exigences élevées en eau ou encore si vous cultivez en pots, le compost sera un incontournable.

Enfin, parce qu'il retient l'eau et les éléments minéraux qu'elle contient, le compost contribue à maximiser l'effet des engrais et à minimiser les pertes d'éléments minéraux par lessivage, deux avantages indéniables pour l'environnement. D'une part, les apports d'engrais pourront être réduits. D'autre part, les éléments minéraux demeurent dans le sol pour nourrir les plantes au lieu d'être entraînés vers les nappes d'eau souterraines et finalement terminer leur course dans les cours d'eau qu'ils polluent.

Le compost améliore la structure des sols argileux

Plusieurs jardiniers croient à tort qu'il n'est pas possible de cultiver dans un sol argileux (sols glaiseux) parce que celui-ci est trop lourd. Certains sont même tentés de remplacer carrément leur sol argileux par des terreaux commerciaux. C'est une erreur, car il est très possible de rendre un sol argileux propice à la culture des plantes. D'ailleurs, je cultive moi-même dans un sol qui contient une très forte proportion d'argile et j'obtiens de très bons résultats avec la majorité des plantes, même avec les carottes. Il faut savoir que l'argile est très riche en éléments minéraux, mais sa structure (voir encadré) compacte rend difficile le transfert des éléments minéraux vers les plantes.

Les apports de compost associés au travail du sol modifient progressivement la structure de ce dernier. De compact et peu aéré, le sol argileux devient avec le temps de structure grumeleuse.

LA STRUCTURE DU SOL

La structure d'un sol correspond au mode d'assemblage des particules (sable, limon, argile, matière organique) qui le composent. En d'autres termes, c'est l'arrangement des constituants minéraux et organiques du sol en unités secondaires, ou agrégats de formes distinctes. Il existe différents types de structure de sol, mais la structure qui est la plus favorable pour la culture est celle de type granulaire ou grumeleuse.

Enfin, dans les sols de structure grumeleuse, des espaces d'air s'établissent entre les petits agrégats et cet état de fait contribue à augmenter la fertilité du sol, en facilitant la pénétration des racines, une activité biologique intense et, enfin, un bon drainage.

Le compost contribue à minimiser les écarts de pH du sol

Le pH ou potentiel hydrogène correspond à une mesure du degré d'acidité ou d'alcalinité du sol. Celui-ci est déterminé par la concentration relative des ions hydrogènes (H^+) et hydroxydes (OH^-) présents dans l'eau du sol. L'eau pure qui contient ces ions en quantités égales est une solution neutre. Une solution est acide lorsque son pH est inférieur à 7 et basique s'il est supérieur à 7.

Dans des conditions de climat tempéré et humide comme le nôtre, nos sols ont une tendance naturelle à s'acidifier. De plus, les pluies acides et l'utilisation des engrais chimiques peuvent contribuer à accentuer le problème. De façon générale, la majorité des plantes préfèrent un sol relativement neutre, car en condition trop acide ou trop basique, l'assimilation des éléments minéraux par la plante se fait difficilement. De plus, les micro-organismes survivent péniblement dans ces conditions.

Heureusement, les apports de matière organique du compost contribuent à stabiliser le pH du sol. C'est donc un avantage incontestable à la fois pour la faune du sol, pour les plantes et pour nous qui les cultivons avec amour.

Le compost augmente la résistance du sol au compactage

Pour favoriser une aération adéquate, donc une bonne pénétration des racines et une vie microbienne intense, les surfaces de sol consacrées à la culture devraient être réservées exclusivement aux plantes. Il faut éviter, autant que possible, d'y mettre ne serait-ce que le petit orteil. Dans certaines situations cependant, il est inévitable et même parfois souhaitable d'utiliser ces surfaces cultivées comme c'est le cas pour les pelouses. Mais les graminées à pelouse, tout comme plusieurs plantes, n'apprécient pas le compactage du sol. Dans les cas extrêmes, il faut procéder à une aération de la pelouse. Afin de ne pas être dans l'obligation de répéter cette opération régulièrement, songez à utiliser du compost sur la pelouse. En plus des nombreux avantages qu'offre un terreautage au compost, ce dernier augmente la résistance du sol au compactage.

Le compost augmente la résistance du sol à l'érosion par le vent et par l'eau de ruissellement

La portion de sol qui est vraiment fertile, donc utile pour la culture des plantes, se limite principalement aux 15 premiers centimètres. C'est dans cette portion que les échanges entre les micro-organismes et les plantes y sont les plus actifs. Cette partie du sol est très précieuse, on ne veut donc pas la perdre avec l'action du vent ou de la pluie qui risque dans certaines conditions (vent intense, pluie soudaine et abondante) d'entraîner le sol dans les fossés, les égouts et les cours d'eau. Heureusement, les apports de compost contribuent à favoriser la cohésion des différents constituants du sol, rendant ce dernier plus résistant à l'érosion par le vent et par l'eau de ruissellement.

Le compost contribue à maintenir les plantes en santé

Parce que le compost augmente la vigueur des plantes, ces dernières sont plus résistantes aux maladies, aux insectes ravageurs et aux conditions environnementales variables. Tout comme les humains, les plantes en santé sont moins vulnérables aux stress extérieurs.

De plus, certains composts peuvent contenir des micro-organismes bénéfiques (bactéries, champignons ou actinomycètes) qui peuvent contribuer à prévenir le développement de micro-organismes pathogènes responsables des maladies des plantes. C'est ce qu'on appelle l'effet suppressif des composts. En fait, trois phénomènes peuvent expliquer cet effet :

- les micro-organismes entrent en compétition pour les éléments nutritifs ;
- certains micro-organismes libèrent des substances antibiotiques ;

Le compost contribue à maintenir des plantes en santé.

- certains micro-organismes peuvent en parasiter d'autres.

Selon les matériaux avec lesquels il a été fabriqué, le compost peut avoir des effets suppressifs sur certaines maladies fongiques spécifiques. Des recherches ont suggéré, entre autres, les effets protecteurs de la chitine contenue dans les résidus de crevettes.

Enfin, les plantes en santé donnent un meilleur rendement. Il s'agit d'un effet très intéressant dans le cas des plantes légumières.

Le compost favorise un réchauffement du sol plus rapide au printemps

Après un long hiver, lorsque le printemps se pointe, la plupart des jardiniers sont fébriles à l'idée de pouvoir enfin « jouer dans la terre ». Mais l'attente pourrait se prolonger de quelques jours, s'ils n'ont pas pris la bonne habitude de faire des apports de compost au jardin. En effet, le fait d'ajouter du compost au sol contribue à modifier progressivement sa couleur. Il devient plus foncé et, par conséquent se réchauffe plus rapidement au printemps. Évidemment, il ne faudrait pas croire que vous pourrez transplanter vos tomates au jardin au mois d'avril. Mais quelques jours gagnés représentent toute une différence au printemps lorsqu'il y a tant à faire au jardin.

En ajoutant du compost au sol, celui-ci devient plus foncé et se réchauffe plus rapidement au printemps.

La valeur fertilisante des différents composts

La valeur fertilisante du compost varie en fonction des paramètres suivants : les matériaux avec lesquels il a été fabriqué, la méthode de compostage utilisée et le stade de maturation.

Les matériaux qui entrent dans la composition des composts contiennent, à des degrés divers, différents éléments minéraux (azote, phosphore, potassium, calcium, magnésium, soufre, ainsi que plusieurs éléments mineurs). Ainsi, plus les intrants sont diversifiés, plus le contenu en éléments nutritifs sera complet. Dans le cas du compostage domestique, il ne faut surtout pas se priver d'inclure les plantes adventices qui ne sont pas en graines (voir chapitre 2 *Les matériaux compostables : ces déchets qui n'en sont pas*), souvent beaucoup plus riches en éléments minéraux que tout autre matériau. Si vous avez l'habitude de fabriquer votre compost principalement avec des feuilles, sachez que celui-ci aura peu de valeur fertilisante. Par contre, son apport important en humus stable en fera un excellent conditionneur pour améliorer les qualités physiques du sol. Dans le cas du compostage intermédiaire, l'utilisation des fumiers est une pratique qui permet d'obtenir un compost ayant une valeur fertilisante intéressante. D'ailleurs, dans le choix d'un compost commercial (voir chapitre 6 *Le compostage industriel et le compost commercial*), la valeur fertilisante de ce dernier sera habituellement supérieure lorsque des fumiers sont utilisés comme intrants.

La méthode de compostage influe sur la valeur fertilisante du résultat final. En fait, plus le processus de compostage est suivi scrupuleusement, plus le compost produit au bout du compte aura conservé les éléments nutritifs contenus dans les intrants. D'ailleurs, tous les facteurs qui ont une influence sur la vitesse de décomposition (équilibre des matières vertes et des matières brunes, fragmentation des matériaux, suivi des besoins en eau et en air, volume des matériaux à composter et méthode de compostage) concourent à l'obtention d'un compost ayant une meilleure valeur fertilisante. Cela s'explique par le fait que les pertes d'éléments minéraux par volatilisation (dans le cas de l'azote) ou par lessivage (pour la plupart des éléments minéraux) seront ainsi réduites.

La valeur fertilisante du compost est également variable selon le stade de maturation du compost. Ainsi, un compost jeune est habituellement plus riche en éléments minéraux qu'un compost mûr. Cependant, sauf quelques exceptions, il est risqué pour la majorité des cultures d'utiliser un compost immature puisque la décomposition intense qui se poursuit au niveau des racines entraîne la production de substances toxiques pour les plantes. Cette conséquence sera cependant moins importante dans les sols qui contiennent une forte proportion de sable puisque l'aération y est plus adéquate. Tous les composts issus de l'industrie du compostage et qui sont mis sur le marché en tant que compost commercial pour utilisation horticole doivent être stabilisés au préalable. Il s'agit donc de composts mûrs.

Si vous fabriquez votre propre compost, sachez qu'il existe deux cas où vous pourrez profiter des qualités fertilisantes d'un compost jeune. Premièrement, si vous l'utilisez comme paillis à la base des arbres et arbustes, il y aura peu de risque de dommage aux racines puisque dans ce cas le compost n'est pas enfoui. Vous ferez ainsi du compostage de surface étant donné que le processus de décomposition se poursuivra sur le sol. Deuxièmement, la haute valeur fertilisante du compost jeune peut avantageusement être utilisée dans le cas de la culture de certaines plantes légumières telles les cucurbitacées qui apprécient les caractéristiques de tels composts.

L'utilisation du compost

Le compost est un incontournable pour améliorer ou maintenir la vigueur de la majorité des plantes. En fait, mis à part la culture de certaines plantes telles que les cactus qui apprécient des conditions de sol très pauvre, le compost s'utilise à peu près partout. D'ailleurs, que ce soit au potager, sur la pelouse, dans les plates-bandes et les potées fleuries, ou encore à la base des arbres et des arbustes et même comme constituant des terreaux de plantes d'intérieur ou pour les semis, le compost est indispensable. Ainsi, le compost devrait être à la base de la fertilisation, et ce, avant tout autre amendement ou engrais.

Le compost au potager

Les plantes légumières ont chacune leurs exigences particulières en matière de fertilisation. Certaines, comme le maïs, sont particulièrement friandes de compost alors que d'autres ont un appétit beaucoup plus frugal comme c'est le cas pour les haricots (voir tableau 9)! Que vous utilisiez du compost commercial ou votre propre compost, l'idéal sera de regrouper les plantes légumières en fonction de leurs exigences en fertilisation et de les cultiver ensemble au potager. De cette façon, vous maximiserez l'utilisation du compost là où c'est nécessaire et vous faciliterez du même coup la rotation des cultures.

TABLEAU 9

LE COMPOST AU POTAGER	
EXIGENCE EN FERTILISATION	**PLANTES LÉGUMIÈRES**
Plantes très exigeantes	Aubergine, artichaut, céleri, chou-fleur, citrouille, courge, concombre, maïs, tomate
Plantes exigeantes	Ail, asperge, cerise de terre, chou pommé, brocoli, chou de Bruxelles, laitue, melon, épinard, poireau, poivron
Plantes moyennement exigeantes	Bette à carde, betterave, carotte, chou-rave, navet, oignon, panais, pomme de terre, radis
Plantes peu exigeantes	Pois, haricot, gourgane ou engrais vert (culture destinée à être enfouie)

Les tomates sont très exigeantes en compost.

L'ail est un légume exigeant en compost.

Les oignons sont moyennement exigeants en compost.

Les haricots sont peu exigeants en compost.

Les courges et les concombres peuvent être cultivés directement sur le tas de compost.

Si vous utilisez votre propre compost, vous aurez le loisir de vous en servir pour certaines plantes légumières même s'il est encore peu décomposé. C'est le cas pour les concombres et les courges que vous pourrez même cultiver directement sur le tas que vous aurez fait tôt au printemps avec vos résidus de cuisine de l'hiver. D'ailleurs, le fait de cultiver en tas ou en butte contribue à minimiser les problèmes que pourrait occasionner un compost qui n'est pas encore stabilisé. D'autres plantes légumières peuvent tolérer un compost relativement jeune. Ce sont les tomates, le maïs et les aubergines. Pour la majorité des autres plantes légumières, un compost mûr sera préférable.

Afin de choisir un compost commercial pour utilisation au potager, vous devrez, plus que pour toutes autres plantes, prendre en considération les intrants avec lesquels il a été fabriqué (voir chapitre 7 *Le compostage industriel et le compost commercial*). Ainsi, vous pourrez favoriser un compost dont les intrants ont une bonne valeur fertilisante tels que les fumiers. Dans le doute, il peut parfois être intéressant d'utiliser un mélange de plusieurs composts commerciaux afin de combler les différents besoins des plantes.

Au potager, le compost devrait être appliqué idéalement au printemps, une fois le travail du sol terminé, mais quelques jours avant les semis et les transplantations. Après avoir appliqué le compost et les engrais si nécessaire (voir l'encadré à la page 163), faites pénétrer le tout dans les premiers 10 cm du sol en utilisant par exemple la griffe à dents ou le râteau. L'idée étant simplement de faire disparaître le compost de la surface du sol, il est inutile, voire dommageable, de faire pénétrer le compost trop profondément avec la fourche à bêcher ou le motoculteur par exemple. De cette façon, les éléments minéraux risquent d'être lessivés avant d'être utilisés par les plantes. D'ailleurs, même si le compost est intégré dans les premiers centimètres du sol, les éléments minéraux qu'il contient seront entraînés à moyen terme vers le bas, grâce à l'action combinée des organismes du sol et de la gravité.

Le compost peut également être apporté au potager à l'automne. Cependant, il faut absolument éviter de l'appliquer sur un sol nu tôt à l'automne, c'est-à-dire

Au potager, le compost est appliqué en surface une fois le travail du sol fait.

Le compost doit être incorporé dans les premiers centimètres du sol.

sur une surface qui n'est pas en culture. Il faut comprendre que les températures encore douces de l'automne favorisent la libération des éléments minéraux du compost, mais ces derniers sont en quelque sorte gaspillés si aucune plante ne peut les absorber. De plus, les pluies qui sont souvent abondantes en automne occasionnent le lessivage des éléments minéraux, vers le bas des pentes et en profondeur du sol vers les nappes d'eau souterraines. Si vous tenez à appliquer le compost au potager à l'automne, deux solutions s'offrent à vous pour minimiser les pertes d'éléments minéraux. La première consiste à faire l'épandage très tard à l'automne, lorsque le sol commence à geler et que les activités des micro-organismes sont presque nulles, soit habituellement entre la mi-novembre et la mi-décembre. À la rigueur, il serait même possible de l'appliquer sur la première neige. Autrement, vous pourrez aussi utiliser le compost sans risque au potager si vous semez un engrais vert (c'est-à-dire une plante qui est destinée à être enfouie, de l'avoine par

EST-IL NÉCESSAIRE D'AJOUTER DES ENGRAIS AU COMPOST ?

Oui, et non ! Cela dépend entre autres de la valeur fertilisante du compost qui est elle-même influencée par les matériaux de base ainsi que par la méthode de compostage utilisée.

Cela dépend aussi de la qualité du sol en place, de l'exigence des plantes et… de nos propres exigences. En fait, parce qu'on demande parfois à nos plantes des rendements extraordinaires, on doit souvent recourir à l'utilisation des engrais.

Si vous habitez sur une ferme et que vous fabriquez votre propre compost (méthode de compostage intermédiaire) avec entre autres le fumier de vos animaux, il est possible que votre compost soit suffisamment riche pour que vous ne soyez pas obligé d'ajouter des engrais. De la même manière, si vous pratiquez le lombricompostage, il y a fort à parier que le résultat sera largement suffisant pour répondre aux besoins de vos plantes d'intérieur sans que vous deviez ajouter des engrais.

Mais dans la plupart des cas, si vous utilisez du compost commercial ou encore si vous fabriquez votre compost avec des matériaux organiques principalement de provenance végétale, il pourra être avantageux d'utiliser des engrais en complément du compost. Évidemment, dans tous les cas, votre choix devrait se porter sur des engrais naturels.

exemple) après avoir arraché vos plantes légumières. De cette façon, les éléments minéraux disponibles seront absorbés par l'engrais vert qui, une fois enfoui au printemps suivant, permettra de mettre en disponibilité ces éléments minéraux pour les cultures à venir.

Pour déterminer approximativement la quantité de compost nécessaire au potager, en plus de l'exigence spécifique des plantes, il est aussi important de connaître la qualité du sol en place. Pour ce, vous devrez peut-être procéder à une analyse de sol, mais par l'observation vous pourrez aussi avec un peu d'expérience déterminer la qualité de votre sol. Ainsi, la qualité d'un sol est directement en rapport avec sa texture et les apports antérieurs de matières organiques. Un sol qui contient une forte proportion de sable nécessitera des apports de compost plus importants que tout autre type de sol. D'une part, un sol sablonneux est pauvre et, d'autre part, la vitesse de décomposition des matières organiques y est accélérée. Ainsi, selon le type de sol et les exigences des plantes, les quantités de compost à appliquer pourront varier de quelques millimètres (sol riche, plantes peu exigeantes)

Pour certaines plantes très gourmandes, telles que les tomates, on peut ajouter du compost dans le trou de plantation.

jusqu'à 5 cm (sol pauvre, plantes exigeantes) comme le suggère le tableau suivant. Enfin, excepté les apports de compost suggérés, vous pourrez aussi «gâter» certaines plantes légumières qui sont particulièrement gourmandes en ajoutant du compost directement dans le trou de plantation.

Les données du tableau suivant se veulent simplement un guide et ne devraient pas être suivies scrupuleusement, puisque la qualité fertilisante est variable d'un compost à l'autre. D'ailleurs, c'est en fonction de vos propres résultats que vous pourrez juger de la bonne dose à appliquer.

TABLEAU 10

GUIDE DES QUANTITÉS SUGGÉRÉES DE COMPOST À APPLIQUER POUR LES PLANTES LÉGUMIÈRES ET LES VIVACES

	SOL PAUVRE	SOL MOYEN	SOL RICHE
Plantes exigeantes	5 à 10 kg/m^2 2,5 à 5 cm	2 à 5 kg/m^2 1 à 2,5 cm	0,5 à 2 kg/m^2 0,25 à 1 cm
Plantes moyennement exigeantes	2 à 5 kg/m^2 1 à 2,5 cm	1 à 2 kg/m^2 0,5 à 1 cm	0,5 à 1 kg/m^2 0,25 à 0,5 cm
Plantes peu exigeantes	0,5 à 1 kg 0,25 à 0,5 cm	–	–

Tableau inspiré de Renaud, 1994

L'utilisation du compost pour les plates-bandes de vivaces

Que ce soit pour la préparation ou l'entretien des plates-bandes de vivaces, le compost est encore une fois un incontournable. Si vous utilisez votre propre compost, assurez-vous qu'il soit bien mûr. Si vous optez plutôt pour un compost commercial, choisissez-le en fonction des différents critères détaillés dans le chapitre précédent (chapitre 6 *Le compostage industriel et le compost commercial*).

Pour les nouvelles plates-bandes de vivaces, le compost devrait être incorporé en surface après le travail du sol, comme nous l'avons décrit pour les plantes légumières. Le meilleur temps pour effectuer cette opération demeure le printemps, mais il est également possible d'utiliser le compost à tout autre moment de l'année lorsque vous aménagez de nouvelles plates-bandes. Il sera cependant préférable d'éviter les périodes de grosses chaleurs, puisque cette condition climatique entraîne une dégradation plus rapide des qualités fertilisantes du compost. Pour ce qui est des quantités à utiliser, vous pourrez vous inspirer du guide des quantités suggérées de compost à appliquer pour les plantes légumières et les vivaces présenté précédemment ainsi que du tableau 11 qui illustre l'exigence de quelques plantes vivaces. Mais pour en savoir davantage sur les types de sols adaptés aux plantes vivaces, vous pourrez consulter des ouvrages spécialisés cités dans la bibliographie (ex. : Dumont, 2005).

PEUT-ON UTILISER TROP DE COMPOST ?

Oui, il est possible d'utiliser trop de compost et ainsi nuire à la culture des plantes. En fait, le compost ne doit pas remplacer le sol, mais l'amender. Les apports trop importants de compost peuvent être particulièrement nocifs pour les sols argileux et dans la culture en pot, car ainsi ils risquent de provoquer des problèmes de drainage et par conséquent la pourriture des racines.

De plus, des quantités trop abondantes de compost peuvent avoir des effets directs sur les plantes tels que des vivaces de sol pauvre dont les tiges ploient sous le poids des fleurs, des plants de poivrons qui produisent des feuilles en abondance, mais peu de fruits, des carottes qui sont chevelues…

Le compost, c'est de l'or brun. Apprenez à l'utiliser avec circonspection là où il est vraiment utile.

LE COMPOST PEUT-IL SE CONSERVER ?

Une fois qu'il est mûr, le compost devrait être utilisé le plus tôt possible. En fait, une fois stabilisé, le compost perd progressivement ses qualités pour améliorer les sols. De plus, ses qualités fertilisantes ne s'améliorent plus et son volume diminue. Le compost se minéralise et devient progressivement de la terre. Vous n'avez pas intérêt à stocker inutilement du compost mûr, mais si cela est inévitable, tentez du moins de ne pas excéder une période de un an. Pour minimiser la perte des propriétés du compost, entreposez-le dans des sacs (s'il ne l'est pas déjà) que vous placerez à l'abri de la pluie, de la neige, de la lumière et du vent, soit par exemple dans le garage, dans le cabanon ou encore sous la galerie. Mais ne vous inquiétez pas pour le gel hivernal, celui-ci a peu d'effets sur les qualités du compost.

TABLEAU 11

L'EXIGENCE EN COMPOST DE QUELQUES PLANTES VIVACES

VIVACES EXIGEANTES	VIVACES MOYENNEMENT EXIGEANTES	VIVACES PEU EXIGEANTES
Astilbe (*Astilbe*), barbe de bouc (*Aruncus*), clématite (*Clematis*), pied-d'alouette (*Delphinium*), cœur saignant (*Dicentra*), heuchère (*Heuchera*), hosta (*Hosta*), miscanthus (*Miscanthus*), phlox des jardins (*Phlox paniculata*), primevère (*Primula*)	Ancolie (*Aquilegia*), aster (*Aster*), campanule (*Campanula*), œillet (*Dianthus*), échinacée (*Echinacea*), iris (*Iris*), lamier (*Lamium*), liatride (*Liatris*), lupin (*Lupinus*), lis (*Lilium*), lysimaque (*Lysimachia*), marguerite (*Chrysanthemum*), pavot (*Papaver*), pivoine (*Pæonia*), rudbeckie (*Rudbeckia*)	Sagine (*Arenaria*), artémise (*Artemisia*), coréopsis (*Coreopsis*), achillée (*Achillea*), aster (*Aster*), deschampsia (*Deschampsia*), hémérocalle (*Hemerocallis*), lavande (*Lavandula*), monarde (*Monarda*), sédum (*Sedum*), thym (*Thymus*)

Les hostas sont des plantes exigeantes en compost.

Les échinacées sont des plantes moyennement exigeantes en compost.

Les sédums sont des plantes peu exigeantes en compost.

Tiré de Renaud, octobre 1994

Pour les plates-bandes déjà établies, ajoutez annuellement le compost à raison de 1 à 3 kg par mètre carré (ce qui équivaut à 0,5 à 1,5 cm d'épaisseur) selon la richesse du sol et l'exigence des plantes. Cette opération devrait idéalement se faire au printemps. Cependant, si vous préférez effectuer ce travail à l'automne alors que les travaux horticoles sont moins nombreux, faites-le seulement à partir du moment où les feuilles des arbres commencent à tomber. Pour éviter de provoquer des dommages aux racines, ajoutez le compost sur les surfaces qui ne sont pas recouvertes par les plantes et enfouissez-le très légèrement. Enfin, couvrez le tout

COMMENT AJOUTER DU COMPOST SUR UNE PLATE-BANDE QUI EST RECOUVERTE DE PAILLIS ?

Le paillage (utilisation du paillis) est une pratique très saine pour la plupart des plantes. Il s'agit en quelque sorte de compostage de surface. Si vos plates-bandes sont couvertes de paillis, tout en se décomposant, celui-ci ajoute de la matière organique au sol, comme le fait le compost. Selon les matériaux dont il est constitué, il pourra cependant avoir une action fertilisante discutable ; c'est pourquoi vous devrez dans certains cas continuer les applications annuelles ou bisannuelles de compost.

Selon le type et la quantité de paillis que vous avez utilisé initialement, vous remarquerez que celui-ci est plus ou moins décomposé après un, deux ou trois ans. Il vous suffira d'ajouter du compost sur le paillis semi-décomposé et de mettre à nouveau du paillis sur le tout.

d'un paillis organique. Celui-ci aura pour effet de protéger les qualités fertilisantes du compost tout en minimisant l'envahissement des plantes adventices et la perte d'eau par évaporation (voir encadré).

L'utilisation du compost pour la pelouse

Le secret d'une pelouse vigoureuse et en santé repose en très grande partie sur la qualité du sol qu'elle recouvre. Et lorsqu'on songe à un sol de qualité, la matière organique doit être un de ses constituants. D'ailleurs, le compost demeure l'amendement organique par excellence, que ce soit pour l'installation ou l'entretien de la pelouse.

Lors de l'installation d'une nouvelle pelouse, ne lésinez pas sur la qualité du sol. Si vous achetez de la terre et que celle-ci ne contient pas déjà de compost, vous devrez en ajouter avant de procéder au semis ou à l'installation de gazon en plaques. De la même manière, si vous utilisez la terre qui est en place (ce qui est souvent avantageux si elle est de qualité), ajoutez-y du compost. Dans la plupart des cas, un apport variant entre 1 et 2,5 cm (2 à 5 kg par mètre carré) selon la qualité du sol sera satisfaisant.

Pour les pelouses déjà établies, un terreautage au compost donnera des résultats probants. Le terreautage consiste à appliquer une mince couche de compost sur la surface de la pelouse. Cette technique est efficace pour toutes les pelouses, mais elle est

Le terreautage au compost redonne de la vigueur aux pelouses.

particulièrement intéressante pour redonner de la vigueur à une pelouse qui a été entretenue avec des pesticides et des engrais chimiques et dont le sol est dénaturé. La fréquence du terreautage de la pelouse peut être variable. En fait, ceux qui ne craignent pas le travail (le terreautage demeure une technique passablement ardue) et le coût (si un compost commercial est utilisé) procéderont au terreautage au compost annuellement. Mais dans la plupart des cas, un terreautage aux deux ou trois ans donne des résultats très satisfaisants. D'ailleurs, pour répartir le travail et l'investissement, songez à partager le terreautage de tout votre terrain sur trois ou quatre ans. Vous pourrez également concentrer votre traitement sur les sections de pelouse que vous désirez privilégier (en façade par exemple). Bien qu'il ne s'agisse pas d'un engrais comme tel, le compost peut la plupart du temps répondre aux besoins de la pelouse en matière de fertilisation, et ce, surtout si vous pratiquez l'herbicyclage. C'est donc dire que vous n'aurez pas à fertiliser les secteurs de pelouse qui auront reçu du compost.

Si vous utilisez votre compost, assurez-vous de ne pas y avoir introduit de graines de plantes adventices et utilisez essentiellement un compost qui est parfaitement décomposé. Idéalement, tamisez-le afin qu'il soit bien fin et pénètre rapidement au travers des brins de gazon. Pour la même raison, si vous optez pour un compost commercial, choisissez-en un qui a une texture fine, qui ne contient pas de particules grossières et qui n'est pas trop humide, car autrement, l'application serait ardue.

Les meilleures périodes pour procéder au terreautage au compost de la pelouse sont le printemps et l'automne, à la suite de l'aération si celle-ci est requise. Si vous effectuez le terreautage à la fin du printemps, vous pourrez en profiter pour faire du même coup un surensemencement de votre pelouse, en mélangeant simplement des semences de gazon à votre compost avant de l'appliquer. L'automne offre aussi plusieurs avantages. Premièrement, il s'agit d'une période où le développement des racines est particulièrement actif. De plus, les pluies d'automne contribuent à faire pénétrer le compost plus rapidement dans le sol. Par contre, pour les terrains à forte pente, un terreautage automnal n'est pas souhaitable, car ainsi le compost risque de se retrouver tôt ou tard au bas de la pente.

Pour le terreautage d'une pelouse établie, des apports annuels de 0,5 à 1 kg par mètre carré ou une épaisseur de 0,25 à 0,5 cm selon la qualité du sol sont largement suffisants (voir encadré). Ne soyez pas tenté d'augmenter les doses suggérées, car vous risqueriez ainsi de favoriser la présence des plantes adventices au détriment des graminées.

Il existe trois options pour procéder au terreautage du compost. La première, qui est accessible à tous, consiste à épandre le compost à la volée à l'aide d'une pelle et à l'étendre par la suite uniformément à l'aide d'un balai à feuilles.

POUR CALCULER LA QUANTITÉ DE COMPOST À APPLIQUER

Voici une méthode rapide pour calculer la quantité de compost à appliquer. Considérant qu'un sac de compost pèse en moyenne 15 kg, si vous désirez appliquer 1 kg de compost par mètre carré, vous pourrez couvrir quinze mètres carrés avec un sac. Une fois que vous aurez mesuré la surface à couvrir, il vous suffira de diviser la valeur obtenue par 15. Par exemple, si vous désirez couvrir une surface de 120 mètres carrés, vous aurez besoin de 12 sacs (120 ÷ 15 = 12).

Si vous optez pour la dose de 0,5 kg par mètre carré, il vous faudra deux fois moins de sacs de compost, soit six sacs.

Si vous trouvez cette première option trop laborieuse, sachez que certaines jardineries mettent à la disposition de leurs clients des petits terreauteurs de compost. Enfin, certains professionnels de l'entretien des pelouses opteront pour un terreauteur mécanisé.

Terreauteur domestique.

Dans tous les cas, il est souhaitable que le compost ne demeure pas en suspension sur les brins de gazon, mais qu'il touche le plus rapidement possible le sol. Ainsi, même si vous utilisez un terreauteur, vous aurez avantage à passer un balai à feuilles tout de suite après l'application du compost. D'ailleurs, cette opération aura également pour but de relever les brins de gazon. Enfin, prenez soin de l'environnement en planifiant le terreautage de votre pelouse avant une pluie. Car autrement, si aucune pluie n'est prévue dans les 24 heures suivant le traitement, vous devrez arroser.

Terreauteur professionnel.

Suite au terreautage, le compost doit être étendu uniformément.

L'utilisation du compost pour les arbres et les arbustes

Le compost devrait être utilisé à la fois pour la plantation et l'entretien des arbres et des arbustes et parfois comme paillis (voir encadré). La majorité des composts conviennent pour cette utilisation. D'ailleurs, pour l'entretien, même les composts relativement jeunes pourront être utilisés s'ils sont peu ou pas incorporés dans le sol.

À la base des arbres, le compost devrait être recouvert de paillis.

Lors de la plantation des arbres et des arbustes, le compost devrait être mélangé à la terre provenant du trou à raison d'une partie de compost pour deux parties de terre si celle-ci est de qualité. Sinon, vous pourrez utiliser un mélange constitué de $1/3$ de compost, $1/3$ de terre provenant du trou et $1/3$ de terreau commercial.

Pour les arbres et les arbustes déjà en place, une dose de 5 à 10 kg/m^2 ou 2,5 à 5 cm appliqués à la base aux deux ans sera la plupart du temps tout à fait adéquate. Le compost peut être incorporé très légèrement (attention aux racines) ou simplement déposé à la surface, mais dans tous les cas l'ajout d'un paillis organique (paillis de cèdre, feuilles déchiquetées, bois raméal fragmenté, etc.) sur le compost devrait être un incontournable. D'ailleurs, en se décomposant, certains paillis (tel le bois raméal fragmenté) pourront prendre littéralement la relève du compost pour amender le sol.

Rappelez-vous que, tout comme pour les vivaces, il vaut mieux éviter les applications de compost à la base des arbres et des arbustes entre le début du mois d'août et la tombée des feuilles. Cela évitera de compromettre le processus d'aoûtement, ce qui pourrait occasionner des dommages durant l'hiver.

LE COMPOST PEUT-IL ÊTRE UTILISÉ EN TANT QUE PAILLIS ?

Oui et non! En fait, cela peut être intéressant d'utiliser du compost jeune à la base des arbres afin qu'il poursuive sa décomposition, mais dans la majorité des autres cas, le compost n'est pas le meilleur choix par rapport aux autres paillis organiques. L'une des raisons est que le compost peut devenir un milieu de culture idéal pour les semis de plantes adventices. De plus, lorsqu'il n'est pas recouvert, le compost risque de perdre ses qualités fertilisantes (l'azote est volatil sous certaines formes). Au jardin, dans la plupart des cas, la meilleure pratique consiste à utiliser du compost et à le recouvrir d'un paillis constitué de matériaux organiques moins décomposés (paillis de cèdre, paillis de cacao, bois raméal fragmenté, etc.).

L'utilisation des composts pour la culture en pot et en jardinière

Si vous cultivez des annuelles, des plantes légumières ou des plantes aromatiques en pot ou en jardinière à l'extérieur, vous devriez prendre la bonne habitude de mélanger du compost avec votre terreau commercial, si celui-ci n'en contient pas déjà. Pour ce faire, utilisez une partie de compost commercial de qualité (voir chapitre 6 *Le compostage industriel et le compost commercial*) ou de compost domestique bien mûr pour trois parties de terreau. Profitez-en pour ajouter un engrais granulaire naturel qui répond aux besoins des cultures choisies. Dans tous les cas, vous ne devriez pas excéder 33 % de compost dans votre mélange, car autrement vous pourriez constater des problèmes de drainage.

Si vous avez pris l'habitude de jeter votre terreau en fin de saison, vous aurez maintenant deux possibilités. La première consistera à le mettre au composteur et la deuxième, plus économique, à le récupérer pour la saison suivante. Pour cela, videz vos contenants dans des sacs à poubelles et entreposez le terreau ainsi récupéré

Grâce au compost, vous pourrez régénérer les terreaux de vos jardinières.

durant l'hiver. Au printemps suivant, ajoutez directement dans le sac une partie de compost pour trois parties de terreau ainsi que des engrais naturels et mélangez le tout. Votre terreau sera prêt à accueillir vos plantes pour une nouvelle saison.

L'utilisation du compost pour les plantes d'intérieur et les semis

Si vous prenez l'habitude de mélanger du compost à vos terreaux de plantes d'intérieur et de semis, vous apprécierez le fait de ne plus être obligé de donner des «soins intensifs» à vos plantes, c'est-à-dire de les arroser et leur ajouter des engrais fréquemment.

Dans cette situation, vous pourrez utiliser votre compost domestique ou un compost commercial. Mais dans les deux cas, il sera absolument nécessaire de lui faire subir au préalable un traitement à

la chaleur ou au froid. Il faut savoir que dans le compost domestique il y a un ensemble d'organismes qui cohabitent parfaitement à l'extérieur. Parmi eux, il est possible qu'il y ait des bestioles qui s'attaquent aux plantes, mais également les prédateurs qui les contrôlent. En entrant votre compost à l'intérieur, il est difficile de prévoir quels sont exactement les organismes qu'il contient. Ainsi, vous risquez de vous retrouver avec des bestioles indésirables qui pourraient causer des préjudices à vos plantes. Si vous tenez à utiliser votre compost domestique à l'intérieur, l'idéal sera de lui faire subir un traitement à la chaleur ou au froid (voir encadré). Quant au compost commercial, celui-ci contient souvent des petites mouches qui, sans être vraiment nuisibles, sont dérangeantes. Pour éviter ce problème, un traitement au froid est souhaitable.

TRAITEMENT DU COMPOST

Traitement du compost à la chaleur

Placez le compost dans une lèchefrite et mettez le tout au four à 200 °F (95 °C) durant une heure. Et ne soyez pas surpris de l'odeur forte, mais heureusement passagère, qui pourrait survenir durant ce traitement…

Traitement du compost au froid

Placez le compost dans un sac, s'il ne l'est pas déjà. Laissez le sac à l'extérieur durant l'hiver pour au moins une semaine à des températures inférieures à 0 °C.

Évidemment, si vous pratiquez le lombricompostage (voir chapitre 5), vous aurez le loisir d'utiliser le « nec plus ultra » des composts, le lombricompost pour vos semis et vos plantes d'intérieur. Dans ce cas spécifique, il ne sera pas nécessaire de lui faire subir de traitement à la chaleur ou au froid.

Si vous utilisez un terreau commercial et que celui-ci est constitué principalement de tourbe de sphaigne, incorporez-y du compost pour un maximum de 30 % du volume total. Attention, certains terreaux contiennent déjà une bonne proportion de compost (si ce n'est déjà fait, prenez la bonne habitude de lire les étiquettes). Dans ce cas, il vaudra mieux s'abstenir d'en ajouter afin de ne pas alourdir inutilement le terreau.

Vous pourrez aussi choisir de faire vos propres terreaux. Optez alors pour l'une ou l'autre des recettes illustrées dans l'encadré ci-contre.

Terreaux à semis

3 parties de compost, 6 parties de vermiculite, 1 partie de sable

Terreaux de transplantation des semis

5 parties de compost, 4 parties de vermiculite, 1 partie de sable

Terreaux de plantes d'intérieur

1 partie de compost, 2 parties de terre à jardin (traitée à la chaleur), 1 partie de sable ou de vermiculite

Pour l'entretien annuel de vos plantes d'intérieur, ajoutez une mince couche de compost en surface (1 à 2 cm) et incorporez-le dans le terreau à l'aide d'une fourchette. Vous pourrez procéder de cette façon jusqu'à ce qu'un rempotage soit justifié (habituellement lorsque les racines sont abondantes en périphérie près des parois du pot).

Pour les plantes d'intérieur, ajoutez le compost en surface.

Intégrez le compost à l'aide d'une fourchette.

CHAPITRE 8

Le thé de compost : *à la santé de vos plantes*

Le thé de compost est un extrait de compost fermenté dans l'eau durant une certaine période. Il en existe deux sortes : le thé de compost oxygéné et le thé de compost non oxygéné appelé aussi le purin de compost. Il ne s'agit pas d'un substitut au compost, mais il en complète les apports en cours de saison. De plus, la fabrication de ce liquide est un excellent moyen de tirer des bénéfices supplémentaires du compost.

Le thé de compost oxygéné est obtenu à partir de la fermentation du compost dans l'eau en condition aérobie. Il est riche en éléments nutritifs et en micro-organismes. Quant au purin de compost, il résulte d'un simple trempage du compost dans l'eau. Il contient des éléments nutritifs, mais peu de micro-organismes.

Bien qu'il demande plus d'effort, le thé de compost oxygéné possède de nombreux bénéfices.

Le thé de compost oxygéné

Le thé de compost oxygéné exige l'utilisation d'un système qui produit de l'air. Certains systèmes sont commercialisés à cet effet, mais vous pourrez confectionner facilement votre propre système en respectant les instructions qui suivent.

Comment faire le thé de compost oxygéné

Pour faire le thé de compost oxygéné vous aurez besoin de :

- deux seaux de plastique d'une capacité de 20 litres ;
- 8 à 10 litres d'un compost mûr de qualité ;
- 20 litres d'eau. Celle-ci doit être la plus pure. Utilisez de préférence de l'eau provenant d'un puits ou de l'eau de pluie. Autrement, si vous utilisez de l'eau du robinet traitée au chlore, faites reposer celle-ci durant 24 heures en brassant régulièrement afin que le chlore s'évapore ;
- une pompe d'aquarium ayant une capacité minimale de 20 litres ;
- un système à trois ou quatre valves (vendu pour les aquariums) ;
- un tuyau d'aquarium ayant une longueur de deux mètres ;
- plusieurs sections de coton à fromage ;
- des pinces à linge ;
- 30 ml de mélasse (bio de préférence). La mélasse est utile comme source d'énergie pour encourager la multiplication de micro-organismes. D'autres ingrédients peuvent également être utilisés. Ce sont, du miel, du sirop, du sucre naturel.

Voici comment procéder :

- rassemblez tout le matériel (figure 1) ;

1

- transvidez le compost dans un seau vide (figure 2) ;
- ajoutez l'eau (figure 3) jusqu'à 5 cm du bord (figure 4) ;
- installez le système de valves sur le bord du seau (figure 5) ;
- placez la pompe au sol et mesurez le tube afin que celui-ci soit assez long pour relier la pompe et le système de valves (figure 6) ;
- coupez le tube (figure 7) ;
- branchez le tube sur le système de valves (figure 8) ;
- branchez le tube sur la pompe (figure 9) ;

2

3

4

5

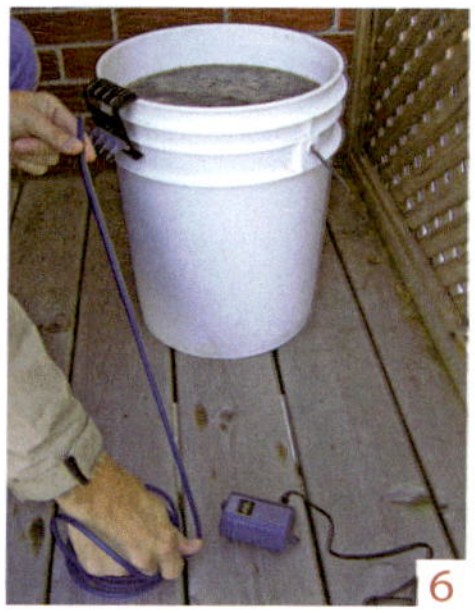
6

7

8

9

10

11

12

13

14

15

16

17

- à l'aide d'un tube, mesurez la longueur qui sépare le système de valves du fond du seau et coupez trois ou quatre sections de tubes (selon le nombre de valves) (figure 10);
- branchez les tubes sur le système de valves (figure 11);
- répartissez les tubes dans le contenant de façon à ce que les extrémités des tubes soient insérées dans le compost (figure 12);
- ajoutez la mélasse (figure 13);
- ouvrez les valves et mettez la pompe en marche (figure 14);
- laissez «mijoter» le tout (figure 15);
- après 24 heures, brassez le tout et replacez les tubes dans le compost (figure 16);
- après 48 heures, enlevez les tubes (figure 17);

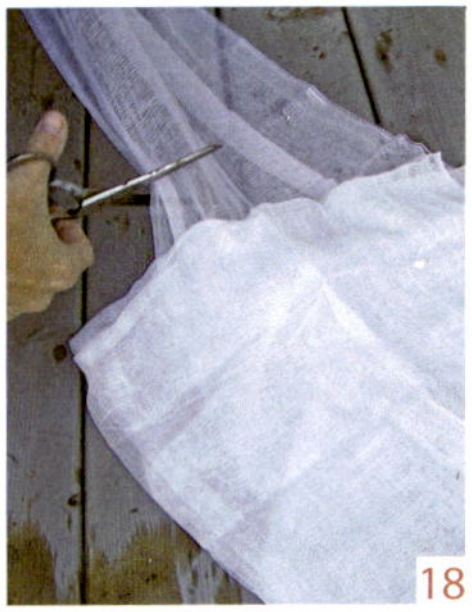
18

19

20

21

22

23

- préparez 3 ou 4 épaisseurs de coton à fromage (figure 18);
- placez le coton à fromage sur le dessus d'un seau vide et retenez-le en place à l'aide des pinces à linge (figure 19);
- transvidez le thé de compost dans le seau muni du coton à fromage (figure 20);
- après une première filtration, le thé est prêt pour utilisation au sol. Transvider le thé dans un arrosoir (figure 21);
- pour utiliser le thé dans un pulvérisateur, vous devrez le filtrer à nouveau (figure 22);
- le thé est prêt à être utilisé dans un pulvérisateur (figure 23);

Note : Cette technique a été largement inspirée de Ebeling, 2003.

Les bénéfices du thé de compost oxygéné

L'utilisation du thé de compost oxygéné permet :

- d'améliorer la croissance des plantes ;
- de diminuer les maladies des plantes, car les micro-organismes bénéfiques entrent en compétition avec les micro-organismes pathogènes ;
- une meilleure absorption des nutriments ;
- de réduire l'emploi de pesticides et par ricochet les dépenses et les effets pervers associés à de tels produits.

L'utilisation du thé de compost oxygéné

Le thé de compost peut être utilisé en arrosage au sol ou en pulvérisation foliaire.

Le traitement au sol permet d'apporter des éléments minéraux aux organismes s'y trouvant, de créer une barrière biologique autour des racines, d'améliorer la structure du sol et enfin d'activer la décomposition des résidus organiques.

La pulvérisation foliaire est particulièrement utile pour prévenir les maladies des feuilles. Le thé fournit aussi des nutriments directement assimilables par le feuillage et permet une meilleure résistance à l'attaque des insectes ravageurs.

Le thé de compost non oxygéné (purin de compost)

Pour préparer un purin de compost, vous devrez :

- faire macérer une partie de compost dans deux parties d'eau durant deux à trois jours (figure 1) ;

1

2

3

- brasser quotidiennement (figure 2);
- conserver le couvercle entre les brassages (figure 3);
- transférer le purin obtenu dans un arrosoir;
- appliquer le purin sur le sol à la base des plantes.

La conservation des thés de compost

Les thés de compost doivent être utilisés immédiatement après leur fabrication. Cela est particulièrement important dans le cas du thé de compost oxygéné, car les micro-organismes bénéfiques qu'il contient meurent rapidement lorsqu'ils sont privés d'oxygène. Si vous avez été dans l'impossibilité d'écouler votre thé de compost au jardin dans les heures qui ont suivi sa fabrication, vous devriez plutôt vous en servir pour arroser votre tas de compost.

Bibliographie

Ball, Liz, *Compostage, Enrichir le sol naturellement,* Modus Vivendi, 1999, 124 pages.

Buch, Walter, *Le ver de terre au jardin,* Ulmer, 1991, 124 pages.

Campbell, Stu, *Let it Rot, The Gardener's Guide to Composting,* Storey Books, 1998, 153 pages.

Chamard-CRIQ-Roche, *Caractérisation des matières résiduelles au Québec,* 2000, 454 pages.

Dumas, Maurice, *Les vers. Des croyances populaires au lombricompostage,* Berger, 1996, 216 pages.

Dumont, Bertrand, *Les niches écologiques des vivaces et plantes herbacées,* Bertrand Dumont Éditeur, 2005, 447 pages.

Duplesssis, Josée et coll., *Le compostage facilité,* Nova Envirocom, 2002, 107 pages.

Ebeling, Eric et coll., *Basic composting,* Stackpole Books, 2003, 87 pages.

Gagnon, Yves, *La culture écologique pour petites et grandes surfaces, 3e édition,* Les Éditions Colloïdales, 2003, 224 pages.

Heyntz, Kraft von, *Le compost au jardin,* Terre Vivante, 2e édition, 1991, 127 pages.

Martin, Deborah L. et Grace Gershunay, *The Rodale Book of composting,* Rodale Press, 1992, 278 pages.

Michaud, Lili, *Le jardinage éconologique. Quand économie rime avec écologie,* Éditions MultiMondes, 2004, 178 pages.

Mustin, Michel, *Le compost. Gestion de la matière organique,* Éditions François Dubusc, 1987, 954 pages.

Nancarrow, Loren et Janet Hogan Taylor, *The Worm Book,* Ten Speed Press, 1998, 150 pages.

Pépin, Denis, *Compost et paillage au jardin, recycler, fertiliser,* Terre Vivante, 2005, 160 pages.

Renaud, Michel, *Fleurs et Jardins écologiques. L'Art d'aménager des écosystèmes,* Bertrand Dumont Éditeur, 2005, 352 pages.

Smeesters, Édith et coll., *Le compostage domestique. Comment transformer vos déchets en mine d'or pour le jardin,* Éditions Fleurs Plantes Jardins, 1993, 44 pages.

Sulzberger, S., *Le compost et les engrais,* Chantecler, 1996, 84 pages.

Articles

Duval, Jean, *L'effet phytosanitaire des composts,* Conseil des productions végétales, Colloque sur l'agriculture biologique, 1998.

Ingham, Elaine (traduit de l'anglais par Andrée Deschênes), *Thé de compost oxygéné,* Ecofarm and Garden, 2002.

Pednault, André, «Les activateurs à compost», *Québec Vert,* août 1997.

Pednault, André, «Les effets du compost sur les plantes», *Québec Vert,* octobre 1994.

Pednault, André, «Les effets du compost dans le sol», *Québec Vert,* octobre 1994.

Pednault, André, «Les phases de maturation d'un compost», *Québec Vert,* novembre 1994.

Renaud, Michel, «Où, quand et combien?» *Québec Vert,* octobre 1994.

Autres ouvrages

Beauchamp, Chantal J., *Compostage et utilisation du compost en agriculture biologique,* notes de cours Env-22729, Université Laval, 2005.

Bilan de la gestion des matières résiduelles au Québec, Recyc-Québec, 2002.

Guide de référence en fertilisation, 1re édition, Centre de référence en agriculture et agroalimentaire du Québec, 2003, 297 pages.

Loi et règlement sur les engrais, Agence Canadienne d'inspection des aliments, www.inspection.gc.ca.

Guide sur la collecte et le compostage des matières organiques du secteur municipal, Recyc-Québec, 2006.

On-Farm Composting Handbook, Natural Ressource and Engineering Service, 1992, 186 pages.

ANNEXE

Plan de construction :
le composteur double LM

Le plan suggéré ici vous sera très utile pour procéder à la construction d'un composteur double en bois, et ce, même si vos talents de bricoleur sont limités. Le composteur double LM comporte deux compartiments séparés par un grillage métallique, ayant chacun une capacité de 16 pi^3 (0,45 m^3)[1]. Il s'agit d'une capacité située à mi-chemin entre la capacité de la plupart des composteurs commerciaux qui ont en moyenne 10 pi^3 (0,3 m^3) et la capacité recommandée pour le compostage intermédiaire qui est de 35 pi^3 (1 m^3). Il correspond au besoin d'une famille de quatre personnes ayant un terrain de grandeur moyenne. Le coût de cette construction peut varier de 100 $ à 180 $ selon l'essence de bois choisie.

Les étapes de construction de ce composteur sont détaillées dans les pages suivantes. Les photos des pages 198 et 195 complètent les illustrations.

1. Le système de mesures utilisé ici en priorité est le système impérial puisque les matériaux sont vendus de cette façon en Amérique du Nord.

Caractéristiques du composteur double LM

- longueur : 63 po (160 cm) ;
- largeur : 31 ½ po (80 cm) ;
- hauteur à l'arrière : 33 ½ po (85 cm) ;
- hauteur à l'avant : 29 ¾ po (75,5 cm) pour les planches horizontales et 30 po (76 cm) pour les montants ;
- capacité totale : 32 pi^3 (0,9 m^3) ;
- les deux compartiments sont indépendants et comportent chacun un couvercle et une porte d'accès sur le devant ;
- les portes d'accès s'insèrent à l'intérieur de la planche du bas. Elles sont retenues par le haut à l'aide de trois petits blocs de bois (les loquets), soit un de chaque côté et un au centre qui retient les deux portes ;
- les couvercles sont légèrement inclinés vers l'avant et les planches sont disposées dans le sens de la pente pour faciliter l'égouttement. De plus, elles sont accolées les unes aux autres pour une étanchéité maximale ;
- les planches de l'arrière, des côtés et du devant sont espacées de ¼ po (0,64 cm) ;
- pour une solidité maximale, l'utilisation de vis est préférable aux clous.

Matériel nécessaire

- 26 planches[2] de cèdre blanc[3] ou d'épinette de 1 po × 4 po × 8 pi (2,5 cm × 10 cm × 2,4 m) ;
- 4 pièces de cèdre blanc ou d'épinette de 2 po × 2 po × 8 pi (5 cm × 5 cm × 2,4 m) pour la structure ;
- 115 vis à cèdre ou à plate-forme[4] de 2 po (5 cm) pour visser les planches contre les pièces de structure ;
- 90 vis à cèdre ou à plate-forme de 1 ¼ po (3 cm) pour visser les planches contre les planches ;
- 4 charnières de 2 po à 3 po (5 cm à 7,5 cm) de largeur ;
- 24 vis de ¾ po (1,9 cm) en acier galvanisé pour fixer les charnières ;
- Une pièce de grillage métallique (maille de fer galvanisé soudé) de 29 ½ po × 29 ½ po (75 cm × 75 cm) dont les carrés ont des côtés de ½ po (1,27 cm).

---

2. La largeur réelle des planches de 4 po (10 cm) est en réalité de 3 ½ po (8,9 cm) et l'épaisseur est de 3/4 po (1,9 cm) et non de 1 po (2,5 cm). La largeur et l'épaisseur réelles des pièces de 2 po (5 cm) sont de 1 ½ po (3,8 cm).
3. Pour la disponibilité du cèdre blanc, voir les pages jaunes de votre région ou la section « Les bonnes adresses » à la fin du livre.
4. Dans ces cas, les « vis à cèdre » ou à « plate-forme », qui sont habituellement vendues pour la construction des patios, ont été préférées aux vis en acier galvanisé, car ces dernières ne sont souvent pas disponibles en grandes quantités ; de plus, elles sont coûteuses.

Débitage et construction

Étape nº 1 – Le débitage des pièces de structure

Pour faciliter la compréhension, nous avons numéroté les 12 pièces de structure. Voir la figure nº 1 «L'intérieur du composteur, vue du haut».

Débitez les pièces de bois de 2 po × 2 po × 8 pi (5 cm × 5 cm × 2,4 m) et numérotez-les de la façon suivante :

- 5 pièces de 30 po (76,2 cm) qui deviendront les montants nos 1, 2 et 4 et les traverses nos 11 et 12 ;
- 4 pièces de 27 po (68,6 cm) qui deviendront les montants nos 3 et 7 et les traverses nos 9 et 10 ;
- 3 pièces de 33 po (83,8 cm) qui deviendront les montants nos 5, 6 et 8.

FIGURE 1

L'intérieur du composteur (vue du haut)

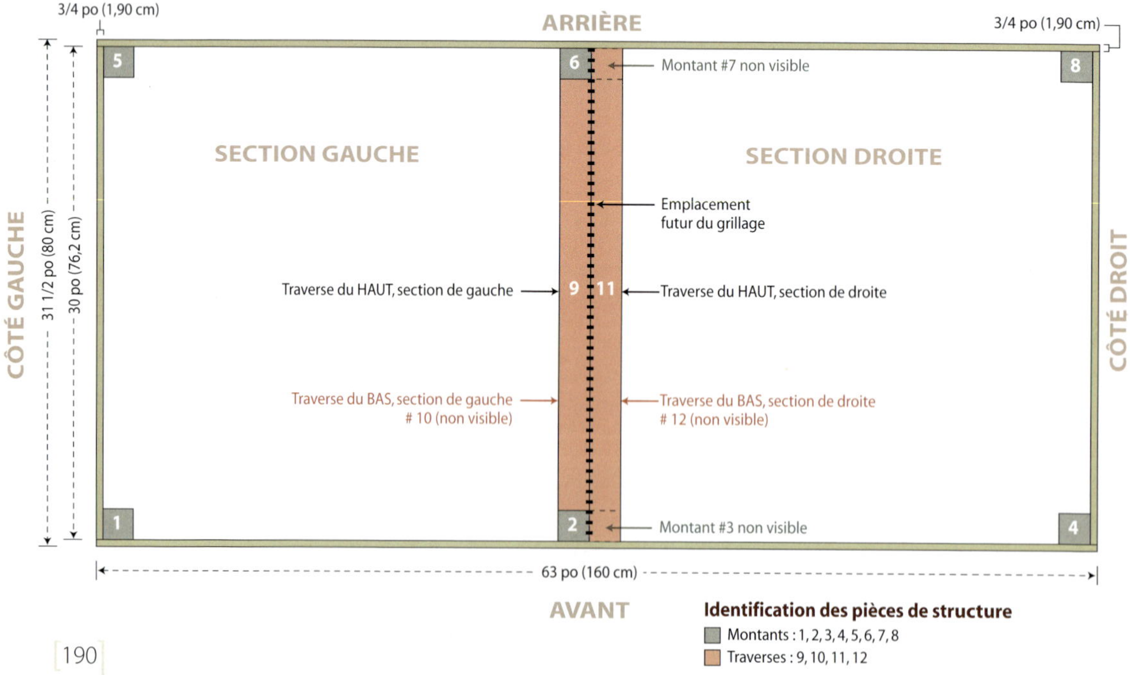

Étape n° 2 – La section arrière (figure n° 2)

Débitez les planches de 1 po × 4 po × 8 pi (2,5 cm × 10 cm × 2,4 m) de la façon suivante :

- 9 planches de 63 po (160 cm) de long.

Vissez les planches sur les deux montants des extrémités (n° 5 et n° 8) en les espaçant de ¼ po (0,64 cm) et en laissant un espace de ½ po (1,27 cm) entre l'extrémité supérieure des montants et le dessus de la dernière planche tout en respectant l'espace de ¾ po (1,9 cm) aux extrémités (cet espace correspond à l'épaisseur des planches des côtés qui seront vissées plus tard). Utilisez deux vis par planche pour celles du haut, du bas et du centre et une vis par planche pour les 6 autres.

Vissez les planches sur le montant n° 6 de façon que ce dernier soit aligné au centre des planches, soit à 31 ½ po (80 cm) à partir de l'extrémité droite des planches. (photo n° 1, page 198)

FIGURE 2
Section arrière (vue de l'extérieur)

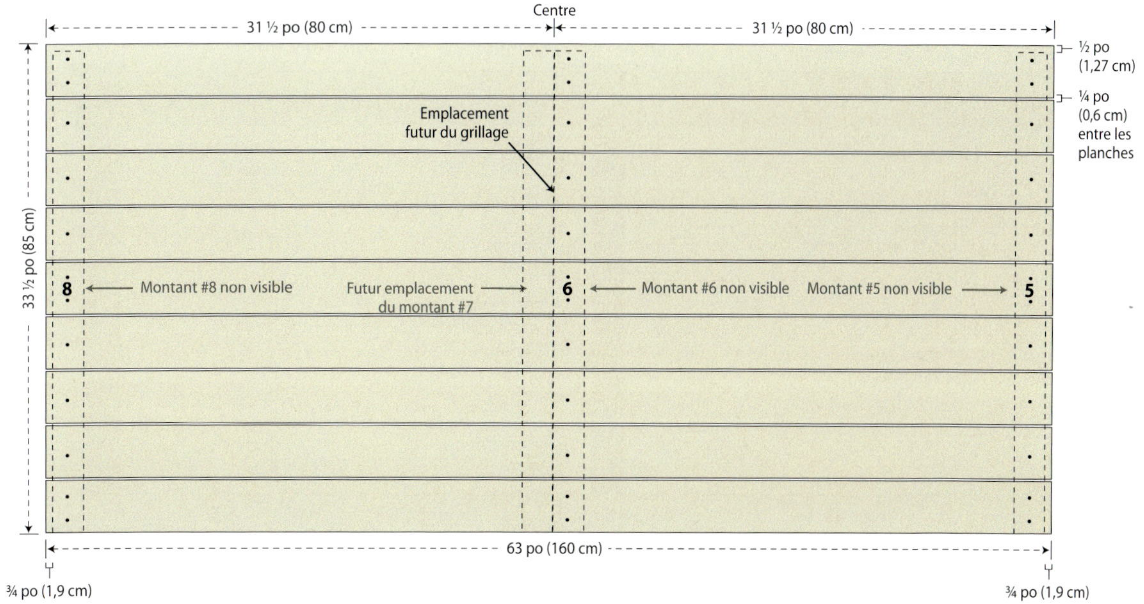

Étape n° 3 – La section avant sans les portes d'accès (figure n° 3)

Débitez les planches de 1 po × 4 po × 8 pi (2,5 cm × 10 cm × 2,4 m) de la façon suivante :

- 2 planches de 63 po (160 cm), soit une planche pour le haut et une planche pour le bas ;
- 3 petits blocs de 4 po (10 cm), en réalité 3 ½ po (8,9 cm) sur 1 ¾ po (4,45 cm) Ceux-ci serviront de loquets pour les portes d'accès.

Vissez les planches du haut et du bas aux montants n° 1 et n° 4 à ¾ de pouce (1,9 cm) des extrémités en utilisant deux vis par planche, en faisant dépasser de ½ po (1,27 cm) les montants de la dernière planche du haut.

Vissez le montant n° 2 de façon que ce dernier soit aligné au centre des planches, soit à 31 ½ po (80 cm) à partir de l'extrémité gauche des planches.

Vissez les deux loquets des extrémités comme indiqué sur la figure. Conservez le loquet du centre. (photo n° 2, page 198)

FIGURE 3

Section avant du composteur (sans les portes, vue de l'extérieur)

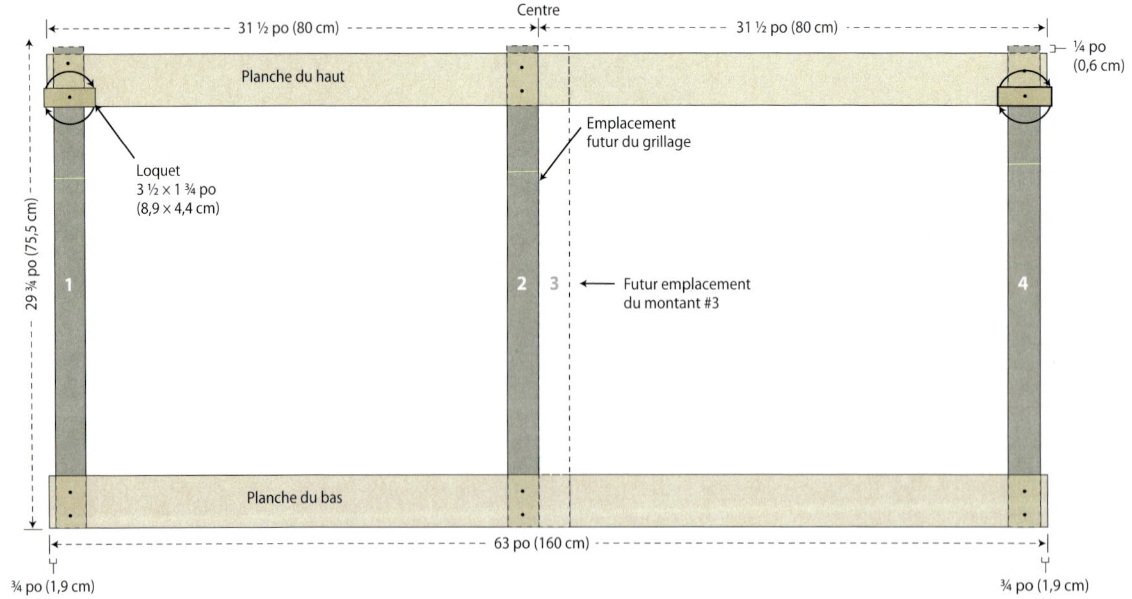

Étape nº 4 – Les deux portes d'accès de l'avant (figure nº 4)

Les deux portes d'accès de l'avant sont constituées par 6 sections de planches. Afin que les planches des deux sections soient alignées, nous avons d'abord traité ces dernières comme un bloc. Celui-ci sera ensuite scié en deux. Débitez les planches de 1 po × 4 po × 8 pi (2,5 cm × 10 cm × 2,4 m) de la façon suivante :

- 6 planches de 63 po (160 cm) ;
- 4 planches de 24 ¾ po (62,9 cm) qui serviront de traverses ;
- 4 mini-blocs de 3 ½ po × ¾ po × ¼ po (8,9 cm × 1,9 cm × 0,63 cm).

Découpez deux poignées de 4 po (10 cm) de long et de ½ po (1,27 cm) de large sur le côté inférieur de la première planche comme il est indiqué sur le plan (cette étape est facultative). Disposez les 6 planches sur le sol en les espaçant de ¼ po (0,63 cm) et vissez les montants (par ce qui sera l'intérieur du composteur) comme l'indique la figure nº 4. Sciez le bloc de planches en plein centre pour obtenir les deux portes (photo nº 3, page 198). Clouez vers l'avant un mini-bloc de bois sur la planche du bas vis-à-vis de chacune des traverses. Cela servira à conserver l'espace de ¼ po (0,63 cm). Insérez les portes dans la section avant (photos nºs 4 et 5, page 198).

FIGURE 4

Les deux portes d'accès de l'avant (vue de l'intérieur)

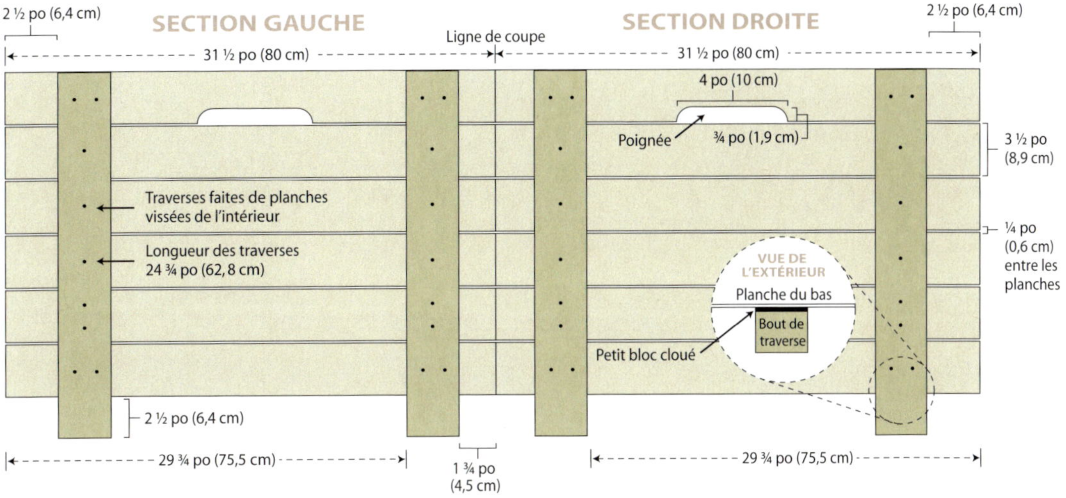

Étape n° 5 – L'assemblage de l'avant et de l'arrière à l'aide des planches des côtés (figure n° 5)

Débitez les planches de 1 po × 4 po × 8 pi (2,5 cm × 10 cm × 2,4 m) de la façon suivante :

- 17 planches de 30 po (76,2 cm).

Vissez par l'extérieur 8 planches de chacun des côtés sur les montants de la section avant (n° 1 et n° 4) et de la section arrière (n° 5 et n° 8) en les espaçant de ¼ po (0,63 cm), en utilisant des vis de 2 po (5 cm).

Pour les deux côtés :

- Clouez un petit bloc de bois de ¼ po × ¾ po × 9 po (0,63 cm × 1,9 cm × 23 cm) à l'extrémité avant de la planche du dessus. Ce dernier servira à conserver l'espace de ¼ po (0,63 cm) et à fixer la planche suivante coupée en diagonale.
- En utilisant une planche de 30 po (76,2 cm), coupez celle-ci en deux en diagonale et installez ensuite la section de planche coupée en diagonale en vissant la partie arrière sur le montant arrière et la partie avant verticalement à travers le petit bloc de bois. (photos n°s 6 et 7, pages 198 et 199)

FIGURE 5
Côté gauche du composteur

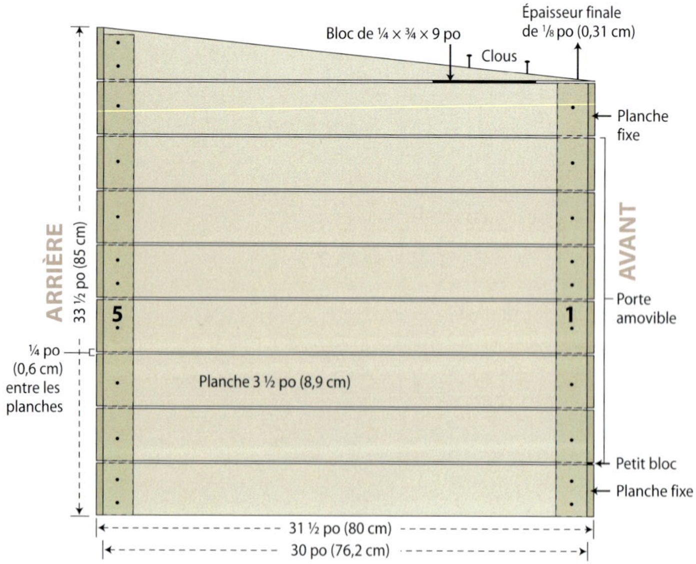

Étape n° 6 – L'installation du grillage métallique (figure n° 6)

Vissez les traverses horizontales n° 9 et n° 10 comme l'indique la figure 6 (au besoin, revoyez la figure 1).

Fixez le grillage progressivement en vissant le montant n°3 sur le montant n°2 et le montant n°7 sur le montant n°6. Puis, fixez les traverses n° 11 et n°12, respectivement sur les traverses n°9 et n°10. Au besoin, recoupez le grillage métallique.

Installez le troisième loquet au centre du composteur. (photo n°8, page 199)

FIGURE 6
Vue en coupe latérale, centre du composteur

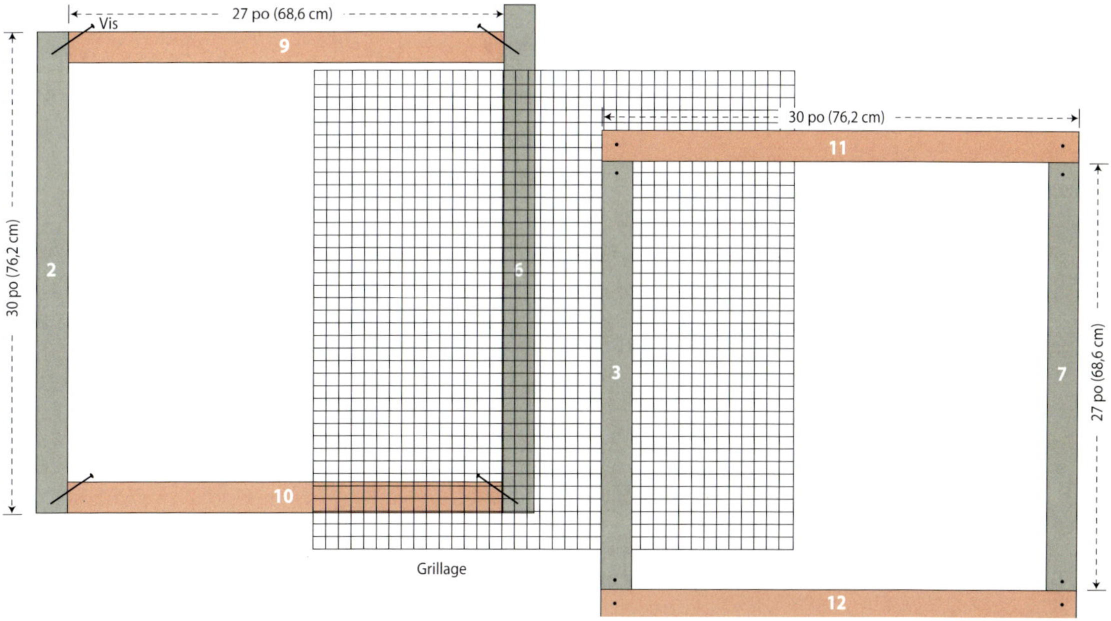

Étape nº 7 – La fabrication et l'installation des couvercles (figure nº 7)

Débitez les planches de 1 po × 4 po × 8 pi (2,5 cm × 10 cm × 2,4 m) de la façon suivante :

- 18 planches de 32 po (81,3 cm);
- 4 planches de 29 po (73,7 cm) qui serviront de traverses.

Pour chacun des deux couvercles, procédez de la façon suivante :

Placez 9 planches ayant une longueur 32 po (81,3 cm) en les accolant les unes aux autres sur le sol. Disposez les deux planches qui serviront de traverses et vissez-les par l'intérieur du couvercle comme indiqué sur le plan. (photo nº9, page 199)

À l'aide des vis de ¾ po (1,9 cm), vissez d'abord les charnières sur les couvercles, puis sur la section arrière du composteur. (photo nº10, page 199)

FIGURE 7
Les couvercles (vue de l'intérieur)

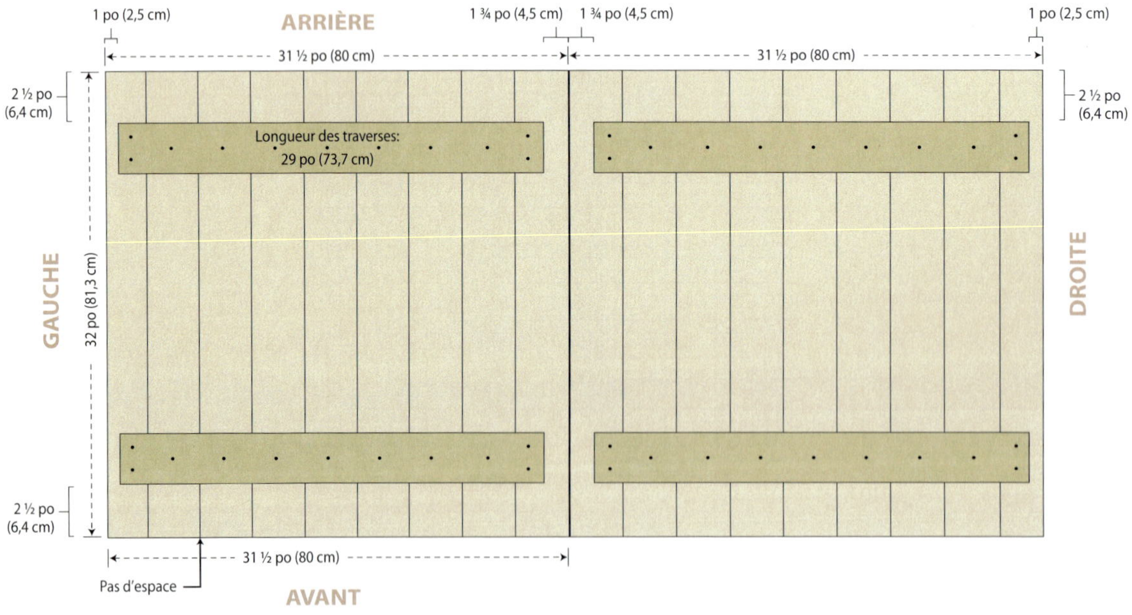

Étape n° 8 – La pose de deux bras de soutien pour chacun des couvercles (figure n° 8)

Débitez les planches de 1 po × 4 po × 8 pi (2,5 cm × 10 cm × 2,4 m) de la façon suivante :

- une section de 26 po (66 cm) de longueur (qui sera recoupée en deux dans le sens de la longueur pour obtenir deux sections de 26 po (66 cm) sur 1 ½ po (3,8 cm) ;
- une section de 4 po (10 cm) de longueur qui sera recoupée en deux dans le sens de la longueur pour obtenir deux sections de 4 po (10 cm) sur 1 ½ po (3,8 cm).

Vissez lâchement les bras de soutien à l'intérieur des parois latérales vers l'avant du composteur sur la première planche complète des deux côtés du composteur.

Vissez les blocs qui servent à supporter les bras de soutien à l'intérieur des parois latérales vers l'arrière du composteur. (photo n° 11, page 199)

Voilà, votre chef-d'œuvre est prêt à être utilisé ! (photo n° 12, page 199)

FIGURE 8
Bras de soutien
du couvercle de droite
(vue de l'intérieur)

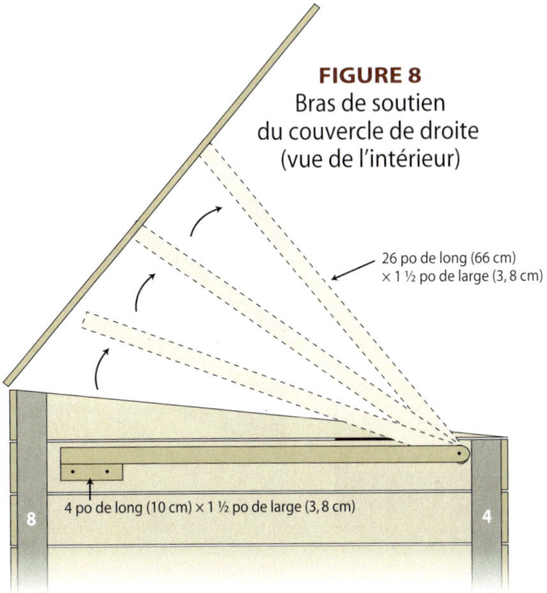

1

Section arrière du composteur

2

Loquet de la porte de gauche

3

Intérieur de la porte de gauche

4

Section avant (intérieur)

5

Section avant (extérieur)

6

Partie avant de la planche coupée en diagonale et clouée sur la dernière planche à travers le petit bloc de bois

7

Côté droit du composteur

8

Installation du grillage

9

Dessous du couvercle de droite

10

Installation des charnières

11

Bras de soutien de droite

12

Composteur terminé

Glossaire

Acidophile : (adj.) Se dit d'une plante qui se développe bien sur les sols acides. Ex. : rhododendron, bruyère, bleuet.

Adventice : (adj.) Qui croît sur un terrain cultivé sans avoir été semé.

Aérobie : (adj.) Se dit d'un micro-organisme ou d'un phénomène qui consomme de l'oxygène.

Anaérobie : (adj.) Se dit d'un micro-organisme qui se développe en l'absence d'air ou dans un milieu dépourvu d'air.

Andain : (n.m.) Système d'accumulation où la matière est disposée en tas allongé et habituellement de forme triangulaire.

Aoûtement : (n.m.) Lignification des jeunes pousses des végétaux ligneux, correspondant à un ralentissement de la circulation de la sève et à une accumulation de réserves. Comme son nom l'indique, l'aoûtement a lieu vers le mois d'août.

Biomasse : (n.f.) La masse totale d'origine animale ou végétale, morte ou vivante, présente à un moment donné dans un lieu donné (source : *Le compost* de Michel Mustin).

Biosolide : (n.m.) Produit organique obtenu après le traitement physicochimique ou biologique des eaux usées. Syn. : boue d'épuration.

BRF : (n.m.) Acronyme de bois raméal fragmenté, qui provient de la taille des branches dont le diamètre est de moins de 7 cm.

GES : (n.m.) Acronyme de gaz à effets de serre. Les principaux sont : le dioxyde de carbone (CO_2), le méthane (CH_4), l'oxyde nitreux (N_2O), les chlorofluorocarbones (CFC).

Herbicyclage : (n.m.) Recyclage du gazon en laissant les rognures au sol après la tonte.

Humus : (n.m.) Fraction des matières organiques qui restent dans le sol après décomposition de la plus grande partie des débris végétaux et animaux incorporés au sol. Ces matières ont généralement une couleur foncée (source : Agriculture et Agroalimentaire Canada).

LES : (n.m.) Acronyme de lieu d'enfouissement sanitaire. Lieu de dépôt définitif où l'on décharge, compacte et recouvre les matières résiduelles.

Lessivage : (n.m.) Entraînement par l'eau des plus fines particules d'un sol et des matériaux solubles.

Lixiviat : (n.m.) Solution résiduelle contenant des substances solubles extraites d'un mélange de corps solubles.

Matière organique : (n.f.) La matière organique est définie comme la matière spécifique des êtres vivants végétaux et animaux (source : *Le compost* de Michel Mustin).

Mycélium : (n.m.) Appareil végétatif des champignons formé de filaments souterrains ramifiés.

Pathogène : (adj.) Qui peut causer une maladie.

Pesticides : (n.m.) Un produit ou un mélange de produits destinés à détruire ou à éloigner un organisme vivant jugé nuisible. Parmi les pesticides, on retrouve les insecticides pour lutter contre les insectes, les fongicides pour lutter contre les maladies causées par des champignons et les herbicides utilisés pour détruire les plantes adventices.

pH : (n.m.) Acronyme de potentiel hydrogène. Mesure qui caractérise l'acidité ou l'alcalinité d'un milieu.

Photosynthèse : (n.f.) Chez les plantes vertes et certaines bactéries, processus de fabrication de matière organique à partir de l'eau et du gaz carbonique de l'atmosphère utilisant la lumière solaire comme source d'énergie et qui produit un dégagement d'oxygène (source : *Le Petit Larousse illustré,* 2002).

Rhizome: (n.m.) Tige souterraine vivace, souvent horizontale, émettant chaque année des racines et des tiges aériennes.

Rudologue: (n.m.) Du latin *rudus,* signifiant déchet. Métier de celui qui étudie les déchets et ses aspects économiques, techniques et environnementaux.

Valorisation: (n.f.) Toute opération visant le réemploi, le recyclage, la régénération ou par toute autre action à obtenir à partir des matières résiduelles, des éléments ou des produits utiles.

Les bonnes adresses

Composteurs

En vente dans la plupart des quincailleries, des jardineries, des commerces de type grandes surfaces et dans certains éco-quartiers.

Distributeurs de composteurs en gros

Le groupe de simplicité volontaire de Québec
www.gsvq.org

Les bureaux d'Antoine
Courriel : Antoine@lesbureauxdantoine.com

Nova Envirocom
www.novaenvirocom.ca

Cèdre blanc de l'Est pour la fabrication d'un composteur artisanal

Région de Québec

Entreprise LI.MA.CO
401, 19e Rue, Saint-Rédempteur, Qc
Tél. : 418 831-4947
www.li-ma-co.com

Nord de Montréal

Les produits forestiers M.D.R. inc.
1050, chemin du Moulin, Sainte-Adèle, Qc
Tél. : 450 229-3081

Scierie C. Meilleur et fils inc.
6, chemin du 7e rang, Kiamika, QC
Tél. : 819 585-2432, 1 877 309-2551
www.scierie-cmeilleur.qc.ca

Articles variés : contenant de récupération de cuisine, aérateur, thermomètre à compost

Lee Valley, Garden Tools (articles variés)
www.leevalley.com

Le Naturaliste (thermomètre)
www.lenaturaliste.ca

Matériel de lombricompostage

Ferme Pousse-menu (vers et lombricomposteurs)
218, Promenade Ronald, Montréal, Qc
Tél. : 514 486-2345
www.pousse-menu.com

Ferme Eugénia (vers seulement)
197, Rang 2 Ouest, Bic, Qc
Tél. : 418 736-5114
www.incontournable.com/eugenia/produits.htm

Vers Land (vers et lombricomposteurs)
363, rue Steve-Zuck
Saint-Colomban, QC
www.vers-land.com

Cours et conférences sur le compost et les pratiques horticoles écologiques

Lili Michaud, Agronome
www.lilimichaud.com

Index

F

G

H

I

L

M

N

O

P

R

S

T

U

V